L'Équitation

L'auteur et les Éditions Milan remercient :

• Maryline et Jean-Pierre Nageleisen, propriétaires de la ferme équestre *Les Grilles* à Saint-Fargeau (89), pour la mise à disposition de leur propriété, du matériel et de leurs chevaux et poneys.

• Bernard Clavel, du magasin France Cheval à Sens (89), pour le prêt de la tenue des enfants.

Dans la même collection

L'athlétisme – Le basket-ball – La danse classique – Le football – La gymnastique féminine – La gymnastique rythmique et sportive – Le handball – Le karaté – Le rugby à XV – La voile – Le judo – La pêche – Le tennis –

300, rue Léon-Joulin – 31101 Toulouse Cedex 100

loi 49.956 du 16.07.1949
Dépôt légal : 1e trimestre 1998
ISBN : 2.86726.993.8

L'Équitation

Jean-François Ballereau

Avec l'amicale collaboration de :
Jacinte Giscard d'Estaing, fondatrice des Poneys-Land,
Michel Blanc-Dumont, ancien champion d'équitation américaine,
Bertrand de Perthuis, cavalier classique, journaliste et écrivain équestre.

Photos : Gilles Delaborde
Illustrations : Nathaële Vogel

MILAN

Table des matières ...

Petite histoire des équitations

8

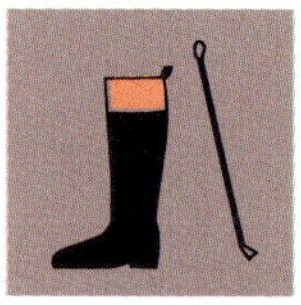

Tes débuts

20

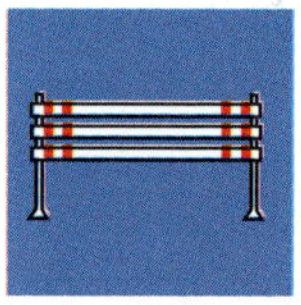

La technique

28

Les mots signalés par un astérisque * sont expliqués dans le lexique pages 116 et 117.

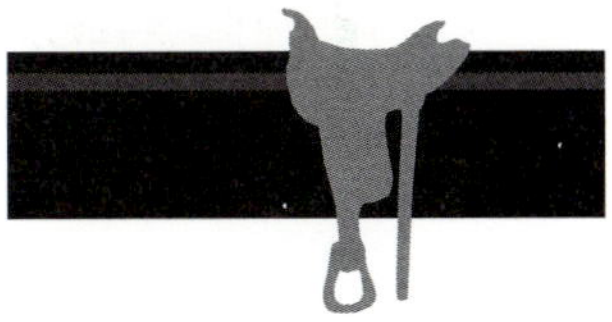

De l'entraînement à la compétition

Cavaliers célèbres

Préface

Amis lecteurs,

Le livre que vous avez en mains présente l'extraordinaire richesse des activités équestres et je suis sûr que sa lecture vous apportera beaucoup. En particulier, elle vous aidera à mieux trouver les disciplines qui vous passionnent et vous apportera une vaste culture équestre. Je pense également que ce livre vous fournira de nombreuses informations techniques qui vous permettront à la fois de mieux communiquer avec vos montures, de vous en occuper d'une façon plus adaptée et d'en profiter avec le maximum de sécurité et de plaisir.

Je vous en souhaite une bonne lecture et vous propose de ne pas hésiter à faire part des questions que ce livre peut vous conduire à formuler, à l'auteur, par courrier, ou tout simplement auprès des enseignants d'équitation qui seront heureux de répondre à votre curiosité équestre.

Serge Lecomte

Président de la Délégation nationale à l'équitation sur poney
de la Fédération française d'équitation

Les cavaliers d'extérieur connaissent Jean-François Ballereau depuis longtemps. Nombreux sont ceux à qui il a ouvert les portes du rêve et qui attendent avec impatience chacun de ses articles et ouvrages.
Ils vont vraisemblablement être surpris par ce nouveau paradoxe du truculent personnage.
Son nouvel ouvrage veut aborder, et y parvient, tous les volets de l'équitation, même celle qualifiée de « classique ».
Autant par son approche de l'histoire de l'utilisation du cheval que par ses conseils, calqués sur les progressions pédagogiques les plus traditionnelles, ce livre saura intéresser nos futurs cavaliers.

Gérard Cenraud

Président de la Délégation nationale au tourisme équestre
de la Fédération française d'équitation

Petite histoire des équitations

Il est impossible d'apprendre les beaux-arts, le dessin, la peinture, la sculpture, sans connaître l'histoire de l'art. De même, il est impossible d'apprendre à bien monter à cheval sans connaître l'histoire de l'équitation. Le dictionnaire définit l'équitation comme « l'art de monter à cheval ». Mais comme il y a la peinture cubiste, impressionniste, naïve, réaliste et d'autres, il n'y a pas qu'une seule équitation. Chacune est un art de monter à cheval. Différent...

Le bipède devint cavalier

Les hommes ont domestiqué le cheval il y a 5 000 ans. Ils disposaient ainsi de sa chair, de sa peau et du lait des juments. Mais il y a seulement 3 500 ans qu'ils sont devenus cavaliers. Qui a eu l'idée d'enfourcher un cheval et de se faire porter par lui ? Comment ce premier cavalier s'y est-il pris, pour qu'un cheval l'accepte sur son dos ? Où a-t-il inventé l'équitation ? Personne n'a de réponse à ces questions. Tout ce que nous savons, c'est qu'il a suffi de quelques générations pour que des peuples entiers deviennent cavaliers.

Pourquoi les hommes ont-ils, un jour, enfourché des chevaux et pas des bœufs ? À cause de la rapidité de ces animaux? De leur noblesse ? De leur fierté ? De leur panache ? Sans doute à cause de tout cela. Et peut-être pour d'autres raisons...

Des équitations différentes

En moyenne, le cheval couvre 7 km/h au pas, 14 (7 x 2) au trot et 21 (7 x 3) au galop. Il peut marcher, courir sur de longues distances ! À cheval, un homme va donc plus vite et plus loin qu'à pied. Sans fatigue ! Voilà pourquoi la pratique équestre s'est si vite répandue. Voilà pourquoi les hommes ont préféré se déplacer sur quatre pieds, plutôt que sur deux.
Les premiers cavaliers sont devenus subitement des chasseurs plus efficaces. Car ils pouvaient poursuivre le gibier rapidement et longtemps. Ils ont plus facilement gardé et déplacé leurs troupeaux. Mais le cheval est surtout devenu pour eux, un formidable instrument de guerre...
Au long des siècles, il a été l'auxiliaire des guerriers, bien plus que des vachers, des chasseurs, des voyageurs, des transporteurs ou des laboureurs. Et il en a été ainsi jusque... vers 1940. Mais les cavaliers de Gengis Khan, ceux de François Ier, de Napoléon, d'Abd el-Kader ou du révolutionnaire mexicain Zapata, ont pratiqué des équitations très diverses. Et toutes passionnantes !

Les équitations des guerriers

La monte à cru

Parvenir à se faire accepter sur le dos d'un cheval est une chose. Mais c'en est une autre d'inventer des accessoires pour guider facilement en restant à l'aise (bride, selle, etc.). Il a fallu des siècles pour que ces inventions apparaissent et se répandent (l'étrier était encore inconnu 2 000 ans après l'invention de l'équitation !). Comment ont bien pu s'y prendre les premiers cavaliers, qui ne disposaient de rien ?
Les Indiens ont découvert le cheval il y a seulement 300 ans. Ils ont rapidement formé ce que les Blancs ont appelé « la meilleure cavalerie du monde ». Sans aucun harnachement ! Ils montaient à cru et galopaient ainsi, au milieu des troupeaux de bisons, qu'ils chassaient. Ils guidaient leur cheval au moyen d'une corde passée autour de sa mâchoire. Ils faisaient corps avec l'animal et devaient en être le complice, car ils lui confiaient leur vie...
Les premiers cavaliers ont dû se comporter comme les Indiens, sans harnachement pour dominer et diriger le cheval. Ils lui donnaient une éducation poussée, pour l'amener à agir en totale connivence avec eux. Ils étaient la tête, l'animal était les jambes.

Dans bien des poney-clubs actuels, des cavalières et des cavaliers montent à cru pour se sentir plus près du cheval, pour jouir de sa puissance et de sa chaleur. Et aussi, pour acquérir une solide, une excellente assiette : celle des Indiens ou des Parthes !*

Deux siècles av. J.-C., les Parthes étaient de redoutables archers à cheval. Leurs ennemis craignaient la manière dont ils lâchaient la fameuse « flèche du Parthe ». Ils étaient capables de la décocher vers l'arrière, au grand galop en montant à cru, ce qui est déjà fort difficile. Certains affirment même qu'ils chevauchaient alors tournés vers la croupe de leur monture !
Les Numides, autre peuple cavalier de cette époque, ne disposaient pas non plus de harnachement. Mais ils avaient trouvé le moyen de contrôler leur monture, en utilisant un « collier-frein » (nœud coulant passé autour de l'encolure du cheval, sur lequel ils tiraient pour l'arrêter). Pour guider leur cheval, les Numides lui tapotaient l'encolure ou la tête avec une baguette pour le faire tourner. Des gauchos argentins utilisent toujours cette technique. Et certains sont d'une étonnante adresse à cheval.

Les gardians de Camargue utilisent une selle semblable à celle des chevaliers et étrivent très long. Pourquoi ? Pour résister au choc du taureau, qu'ils cherchent à pousser ou à renverser avec leur trident. Un trident qui ressemble fortement à une lance !*

Les chevaliers : poids et choc

Aux environs de l'an 1000, l'usage de la bride, de la selle et des étriers est devenu courant. Les guerriers à cheval ont commencé à se protéger d'abord avec une cotte de mailles, puis avec une lourde armure. Leur armement était également pesant. Pour porter un chevalier en armes, il fallait un cheval très solide. Un cheval lourd !
Les techniques de combat ont évolué. Les chevaliers se jetaient sur l'adversaire, la lance au poing. Ils se contentaient souvent de trotter car leur cheval, trop chargé, ne pouvait galoper longtemps. Lorsqu'ils entraient en contact avec l'ennemi, ils comptaient sur la puissance du choc pour le jeter à terre.
Afin d'éviter d'être désarçonnés, ils utilisaient des selles dans lesquelles ils étaient calés, entre un pommeau* et un troussequin* très hauts. Pour prendre un solide appui sur les étriers, ils montaient la jambe complètement tendue.

Les Cosaques : la voltige*

Dès le XVe siècle, les communautés cosaques se sont formées, au nord de la mer Noire. La principale activité des Cosaques était la guerre à cheval. Et leur meilleure arme était... leur équitation ! Chevaucher vite et loin leur était habituel et ils surprenaient l'ennemi par la rapidité de leurs offensives.
Pour voir plus loin, dans l'immensité de la steppe, le Cosaque se mettait debout sur sa selle. À toutes les allures ! Un ennemi arrivait sur lui, le sabre en avant, ou l'ajustait avec son pistolet ? Le Cosaque disparaissait ! Il se cachait entièrement le long du flanc de sa monture. Un pied dans l'étrier, se cramponnant d'une main au pommeau* ou au troussequin* de sa selle. Il pouvait aussi passer sous le ventre de son cheval, en plein galop !
Le harnachement du Cosaque était simple, mais proche de celui de ses voisins mongols. Sa selle le plaçait à dix bons centimètres du dos de son cheval, pour que l'animal puisse respirer librement. Il étrivait* court pour ne pas se casser une jambe, si le cheval tombait.

Lors des combats, les Cosaques utilisaient en selle des astuces et des acrobaties ignorées des autres cavaliers.

Les figures de voltige héritées des Cosaques sont très prisées dans les spectacles. Les cascadeurs les utilisent également lors de tournages de films.

Les Arabes : la mobilité

Toujours vers l'an 1000, les chevaliers sont partis pour les croisades. En Palestine, ils se sont heurtés aux cavaliers arabes, des guerriers montés sur de petits chevaux, et employant des tactiques de combat inconnues en Europe.
Les Arabes ne portaient pas d'armure à cause de la chaleur et parce qu'ils avaient des distances considérables à couvrir dans le désert sur des chevaux arabes, endurants, mais trop fins pour porter des poids excessifs. Ils utilisaient aussi un armement léger et comptaient sur la mobilité de leurs chevaux vifs et infatigables, pas sur le choc ! Ils montaient en étrivant* court.

Les Mongols : grands cavaliers pour petits chevaux

Presque à la même époque que les croisades, les cavaliers mongols de Gengis Khan ont conquis un immense empire. Comme les Arabes, ils savaient chevaucher très loin et très vite. Au combat, ils comptaient eux aussi sur la vivacité de leurs chevaux, sur leur mobilité. Ces hommes grands, forts et lourds, ne disposaient pourtant que de chevaux petits et légers (le cheval mongol mesure moins de 1,40 m et pèse seulement 350 kg environ).

Alors ils ont inventé la selle mongole qui répartit le poids du cavalier sur une large part du dos du cheval, diminuant ainsi sa peine. Le cavalier se trouve très au-dessus de sa monture. Son corps lui sert de balancier : en portant son poids vers l'avant ou vers l'arrière, il accélère ou ralentit sa monture. En se penchant d'un côté ou de l'autre, il lui impose la direction à prendre. Le cheval obéit parfaitement, car il peut difficilement résister à ce poids qui l'entraîne.

Les équitations des vachers

La guerre à cheval n'existe plus. Pourtant, certains cavaliers montent encore, chaque jour, comme les guerriers d'autrefois.

Le Mongol pousse en selle ses troupeaux de chevaux. Il pratique la même équitation que les cavaliers de Gengis Khan. Sa monte est différente de celle du gardian et pourtant ils ont le même but : garder et manœuvrer les troupeaux. De par le monde, bien d'autres gardiens de bétail effectuent leur travail à cheval. En pratiquant des équitations différentes !

La fierté des gardians à cheval.

Le gardian de Camargue surveille, à cheval, les troupeaux de vaches et de taureaux noirs. Son équitation est très proche de celle des chevaliers du temps jadis.

Les gauchos argentins : audace et adresse

Le cheval criollo a été forgé par la rudesse de la gigantesque et toute plate pampa argentine. Dans ce pays balayé par le vent, glacial en hiver, torride en été, il est devenu frugal, adroit et résistant.

Il y a trois siècles, les premiers gauchos étaient des fous de liberté. Pour courir vers l'horizon de la pampa, leur meilleur compagnon était l'infatigable criollo.

D'innombrables terriers de lapins et de rongeurs constituent un des dangers de la pampa. Si un cheval au galop enfonce un pied dans un de ces trous, il chute. Et son cavalier avec lui… Les gauchos ont donc conçu leur selle avec un pommeau* très bas, qui leur permet de sauter à terre en cas de chute du cheval et de se retrouver sur leurs pieds ! Sitôt le cheval relevé, ils l'enfourchent à nouveau.

Comment confectionner une selle dans un pays sans arbres, sans bois pour fabriquer un arçon ? Les gauchos ont vite trouvé la solution. L'arçon* de leur selle est constitué de boudins de roseaux, recouverts de peau de mouton.*

Les vaqueros mexicains : l'équitation espagnole adaptée

Ce sont les héritiers des conquistadores, venus d'Espagne, qui connaissaient le lasso. Certaines de leurs selles comportaient une « corne » au pommeau*, destinée à tenir et tendre le lasso. Pour élever du bétail sur des étendues immenses, leurs descendants ont adapté ces méthodes au pays et à leur travail.

Il fait chaud au Mexique. Aussi le siège de la selle mexicaine, tout en bois, est ouvert sur toute sa longueur. Ainsi, le dos du cheval est aéré. Les étrivières*, très larges, protègent les jambes de la sueur et de la chaleur du cheval. Les étriers en bois ne chauffent pas au soleil.

Les cow-boys : héritiers des vaqueros

Les premiers cow-boys n'étaient pas cavaliers ! C'étaient de pauvres immigrants venus d'Europe. Le seul moyen de subsister dans le Far West désertique était l'élevage du bétail. Dans ces grands espaces, il fallait pousser les vaches à cheval. Ces gens, ignorant tout de l'équitation, ont appris à monter à cheval en imitant les vaqueros. Ils ont adopté leur harnachement et leur équipement, en les modifiant légèrement. Les mustangs sauvages étaient innombrables dans le pays, et chacun pouvait en capturer autant qu'il le souhaitait. Restait à les débourrer, à les dresser. Ce que les cow-boys faisaient rapidement, en force, en faisant plier les animaux. Mais leur habileté équestre était généralement faible. Elle a évolué lorsque le rodéo est devenu un sport national, car les épreuves de rodéo demandent adresse, précision, rapidité, et surtout entente parfaite avec le cheval.
Pour avoir des chevaux performants au rodéo, dociles, complices, les cow-boys ont alors commencé à les éduquer soigneusement. Puis ils ont modifié leur selle, de manière à pouvoir l'enfourcher et en descendre rapidement. Enfin, ils se sont efforcés de développer leur adresse équestre. Ils peuvent même monter leur cheval, le guider et l'arrêter, sans bride ni mors !

Le cow-boy arrête sur place son cheval lancé au galop, en utilisant sa seule assiette. Il lui fait faire autant de pirouettes sur les postérieurs qu'il le souhaite. Ces figures sont reprises dans l'« équitation américaine » ou « équitation western », qui donne lieu à des compétitions. Elle est un art au même titre que la haute école, pratiquée à Saumur ou l'équitation de corrida.*

La selle américaine est remarquablement adaptée au travail du bétail et aux nécessités du rodéo.

Impossible de rassembler et de pousser les vaches, dans l'Ouest américain, sans être un solide et adroit cavalier.

Les stockmen australiens : imagination et équitation

Les premiers Européens se sont installés en Australie vers 1800. Rapidement, ils ont fait venir d'Europe des bovins et des moutons. Très vite aussi, ils ont pris conscience que l'élevage en Australie serait différent de celui pratiqué en Europe, car déplacer, marquer, soigner le bétail sur des territoires gigantesques, ne pouvait se faire qu'à cheval.

Après avoir importé des chevaux d'Europe, ils sont devenus cavaliers. Ils ont conçu une selle unique au monde, permettant de demeurer des jours à cheval. Son arçon* est très long pour répartir le poids du cavalier sur le dos de sa monture. Son troussequin* et son pommeau* relevés, ses bourrelets cale-cuisses et cale-genoux, la rendent confortable. L'équitation des stockmen est proche de celle des cow-boys.

Dans de nombreux autres pays, on garde le bétail à cheval. C'est le cas des **butteris italiens**, des **cavaliers andalous** et **portugais**, et des **csikos** de la puzta hongroise. Chacun adapte bien sûr son équitation à ses besoins.

Les équitations de sport et de loisir

On peut les répartir en cinq branches :

- les équitations d'extérieur
- l'équitation de saut d'obstacles
- les équitations de haute école
- l'équitation de course
- les équitations militaires

Les équitations d'extérieur

Ce sont celles pratiquées par le csiko, le gaucho, le Mongol, le gardian et d'autres gardiens de troupeaux, mais également par bien des cavaliers randonneurs.

L'équitation de saut d'obstacles

C'est une spécialisation de l'équitation d'extérieur. Autrefois, les chasseurs à cheval devaient sauter des obstacles naturels. Ils les franchissaient en se penchant en arrière, assis bien au fond de leur selle, ce qui était mauvais pour le dos des chevaux. Au siècle dernier, le saut d'obstacles est devenu une discipline sportive. On a alors imaginé une manière plus performante de passer les obstacles : en suspension, en se penchant en avant pour sauter beaucoup plus haut, en ménageant le dos des chevaux.

Les équitations de haute école

Une reprise de haute école se déroule dans un manège ou sur une carrière. Un ou plusieurs cavaliers exécutent une série de figures convenues. Ils montent avec rigueur et précision.
Les écuyers du Cadre noir de Saumur et ceux de l'École espagnole de Vienne pratiquent la haute école. Mais chaque école a son équitation propre.

L'équitation de course

C'est celle des jockeys, qui montent en étrivant* très, très court. Ainsi, ils peuvent dégager l'arrière-main du cheval (son « moteur ») et porter du poids sur son avant-main, pour le pousser en avant. Tout le monde peut monter comme les jockeys. À condition de savoir garder son équilibre !

Les équitations militaires

La guerre à cheval appartient au passé. Mais bien des pays maintiennent les traditions de leur équitation militaire. En France, la garde républicaine est le dernier régiment monté.
Certains sports équestres sont dérivés des équitations militaires. C'est le cas de la course d'endurance ou du concours complet.

Pourquoi des équitations différentes ?

Toutes les équitations sont différentes, parce qu'elles dépendent :
- du ou des buts visés par les cavaliers ;
- des chevaux dont on dispose selon les pays ;
- du physique des cavaliers (les lourds chevaliers en armure montaient des chevaux porteurs et solides ; des enfants peuvent enfourcher les plus petits poneys) ;
- de la psychologie des cavaliers (les Indiens éduquaient gentiment leurs chevaux et les montaient en douceur ; les Mexicains ont toujours maté les leurs et les montent en force) ;
- de la géographie et des sols des pays où elles sont pratiquées (un cheval ne se déplace pas dans le sable du désert comme sur des terrains souples et résistants) ;
- des matériaux disponibles pour fabriquer les harnachements.

Un fin pur-sang court très vite, mais n'est pas fait pour travailler le bétail ou randonner.

Que choisir ?

Aucune équitation n'est meilleure ou moins bonne que les autres. Elles sont toutes des arts équestres, auxquels il est facile de s'initier, mais qui sont difficiles si l'on veut devenir un champion. Chaque équitation a ses grands cavaliers, ses maîtres : ceux que l'on cherche à égaler. Et à dépasser !

Et toi, quelle équitation vas-tu choisir ? Tu voudrais les essayer toutes ? Bonne idée, mais difficile à réaliser, à moins de faire le tour du monde pour trouver les chevaux, les harnachements et les professeurs permettant d'y parvenir. Tu peux cependant en pratiquer plusieurs et goûter, par exemple, à la haute école et à l'équitation de course. Ou à d'autres !
Mais n'oublie pas qu'une équitation est plus qu'un sport ou une technique, car elle se pratique à deux. N'enfourche jamais un cheval comme un vélo ! Sinon, tu ne parviendrais pas à en faire un ami, un complice. Respecte-le et tu partageras avec lui une quantité de plaisirs ! Mais pour en arriver là, il te faut d'abord apprendre à monter. Alors, à cheval !

Tes débuts

À quel âge peut-on monter à cheval ? On pourrait répondre « de 7 à 77 ans ». Mais la fourchette est encore plus large ! On connaît des cavaliers qui, à plus de 80 ans, montent toujours. Et dans certains poney-clubs, on accepte les débutants à partir de 5 ans, voire 4. On peut donc monter à n'importe quel âge. Plus on monte tôt, plus on se fait aux mouvements du cheval, plus on acquiert une solide assiette*.

Santé et équitation

Certains prétendent que monter à cheval est mauvais pour le dos. Mais il s'agit là d'une légende. Des médecins, spécialistes de ce sport, affirment au contraire que l'équitation est bénéfique pour la colonne vertébrale dès que l'on a une bonne assiette*, que l'on épouse parfaitement les mouvements du cheval. Les contre-indications médicales sont très rares. Jusqu'à 13 ou 14 ans, on doit cependant éviter de monter trop longuement (exceptionnellement, plus d'une heure ou deux d'affilée). À cet âge, abuser de l'équitation, comme de tout autre sport, pourrait être dommageable pour la santé.

Il faut savoir que l'équitation n'est pas un sport complet. Aussi est-il bon de pratiquer également la natation ou le vélo, par exemple. Et mieux encore, la marche à pied, car elle fait fonctionner des muscles complémentaires de ceux sollicités à cheval.

Choisir un club

On apprend à monter à cheval dans un poney-club ou un centre équestre. Il faut choisir soigneusement son établissement car il en existe d'excellents et de moins sérieux... Comment faire son choix ? En allant visiter ceux qui se trouvent autour de chez soi.

L'état de la cavalerie

On ne peut prendre du plaisir qu'avec des chevaux heureux, donc correctement soignés. Ceux que l'on trouve dans des box généreusement paillés, qui sont bien pansés, ni maigres ni blessés, ont une chance de faire de fameux copains.

La gentillesse des chevaux

Il est important d'observer le comportement des chevaux, hors de l'écurie et au travail. Ils ne tirent pas au renard* ? Ils donnent leurs pieds pour qu'on les cure sans se faire prier ? Ils ne bougent pas au montoir* ? Ils demeurent calmes et font preuve de bonne volonté quoi qu'il arrive ? Voilà, presque à coup sûr, de bons compagnons.

Les activités du centre

On peut aimer la compétition ou la balade, le horse-ball* ou le dressage*, la course d'endurance ou la voltige*. Pratiquer tout cela à la fois n'est pas possible dans tous les centres équestres.
Dans bien des établissements, l'instruction est tournée vers une ou deux disciplines seulement. Il faut donc chercher un centre qui répondent à ses envies, car on n'apprécie vraiment que ce que l'on aime. Et monter à cheval doit être avant tout un plaisir.

Choisis avec soin ton poney-club ou ton centre équestre. Sans oublier, toutefois, que les établissements peu sérieux sont rares. Heureusement !

L'équipement

On l'imagine souvent compliqué et coûteux. Mais on peut commencer à monter sans rien acheter. Tout peut être utile ou agréable. Mais rien n'est vraiment indispensable. Chacun peut donc s'équiper selon ses goûts et ses moyens.

La bombe

Elle protège la tête en cas de chute (si elle est portée avec une jugulaire). Les centres équestres en prêtent généralement une aux débutants. Au moment d'acquérir une coiffure d'équitation, il est préférable de choisir un casque qui doit être bien adapté à la tête. Il comporte souvent une visière qui protège de la pluie ou du soleil.

Le casque (à gauche) est plus efficace que la bombe (à droite) : muni d'une mentonnière, il tient bien sur la tête et la protège mieux, notamment parce qu'il comporte un protège-nuque.

Les bottes

Elles sont inutiles si l'on monte à cru ou sur une selle comportant de très larges étrivières* (américaine, mexicaine, etc.). Avec une selle munie de fines étrivières*, on peut difficilement se passer de bottes, parce que ces étrivières* blessent les mollets. Il est cependant inutile d'acheter de coûteuses bottes d'équitation en cuir. Une paire en caoutchouc peut parfaitement convenir. Comme elles sont chaudes en été et froides en hiver, il suffit de les enfiler juste avant de se mettre en selle.

Les hautes tiges des bottes d'équitation sont destinées à bien protéger tout le mollet.

La tenue

Elle diffère selon le type d'équitation que l'on pratique et elle est destinée à mettre le cavalier à son aise. Il y a cependant des tenues réglementaires obligatoires pour participer à des compétitions officielles.

Un cavalier de saut d'obstacles ou de dressage* doit presque toujours porter une culotte de cheval, une veste, une bombe, une cravate et des gants, pour se présenter sur un terrain de concours.

Voici la tenue réglementaire du cavalier de dressage et de saut d'obstacles : une culotte claire, une veste bleu foncé ou noire, une chemise blanche avec une cravate, des bottes et des gants.

Le poncho est bien pratique pour se protéger de la pluie en extérieur.

Pour participer à des épreuves d'équitation américaine, il faut être vêtu comme un cow-boy.

Pour le reste, à chacune et chacun de juger de ses besoins. On peut s'offrir une veste à poches multiples pour randonner. On peut acheter un pantalon avec l'intérieur des genoux renforcés, une coiffure ou une autre...

De l'écurie aux grands espaces

En période de vacances, le poney-club ou le centre équestre organisent souvent des stages. Ce sont des occasions de se perfectionner. Mais on peut aussi aller monter n'importe où à travers la France : dans un centre de randonnée, une ferme équestre, un club spécialisé dans une discipline ou une autre.

Le centre de randonnée te fera apprécier les joies de l'équitation d'extérieur et la découverte des grands espaces.

Le centre de randonnée fait découvrir toutes les techniques utiles pour bourlinguer à cheval. On y apprend des astuces souvent étonnantes pour attacher les chevaux, les nourrir, les mener, les bâter, etc. On y goûte aussi le plaisir de vagabonder à travers campagnes et forêts, sans oublier celui de ne pas quitter de la journée son copain cheval !

Les fermes équestres élèvent des chevaux avec lesquels tu pourras partir en promenade.

Si tu souhaites te spécialiser, choisis un club qui pratique la discipline que tu préfères, le saut d'obstacles ou une autre.

La ferme équestre propose souvent aussi des randonnées. En outre, on y vit au milieu de nombreux animaux, dont des chevaux !

Dans **un club spécialisé,** on se perfectionne dans la discipline que l'on a choisie (saut, endurance, équitation américaine, dressage*, etc.).

La connaissance du partenaire

Monter à cheval, c'est bien. Mais un cheval n'est pas un vélomoteur. C'est un personnage ayant son caractère, ses instincts, ses besoins, ses envies. C'est un partenaire qu'il faut apprendre à connaître.

La personnalité du cheval

Elle est analysée, expliquée dans bon nombre de livres. Il faut en lire, mais surtout observer les attitudes de l'animal, ses manies, ses craintes, ses plaisirs, au pré, à l'écurie ou monté. Petit à petit, on arrive à le comprendre, à le deviner, à être capable de se mettre à sa place, à penser comme lui ! Et penser comme l'autre, c'est déjà être un peu son ami...

Être cavalier, c'est aussi prendre le temps de soigner les chevaux. Après la leçon, tu peux, par exemple, emmener ton cheval brouter.

Les qualités du cavalier

Quelles sont-elles ?

Physiquement, il suffit d'être assez souple. Mais il faut, en outre, faire preuve de patience, de calme, d'attention, de tact et de compréhension. Cela fait beaucoup ?

Non ! Chacun possède plus ou moins ces qualités et peut les développer à condition de le vouloir et de travailler régulièrement pour les acquérir progressivement.

Le respect

Le cheval devient un copain si on le comprend, mais aussi si on le respecte. Les meilleures preuves de respect sont les attentions que l'on a pour l'animal. Il faut apprendre à le soigner, à le nourrir, à tenir compte de sa fatigue, de ses besoins. Il ne faut pas uniquement le monter, mais lui donner aussi tout le bien-être possible. Employer les termes convenables quand on parle de lui est une autre marque de respect. Depuis longtemps les hommes parlent du cheval comme d'un être humain. Il n'a pas une gueule mais une bouche, pas des pattes mais des jambes...

La technique

Avant la leçon

La leçon à cru

La leçon à cru en extérieur

La leçon avec cheval sellé

La leçon de saut

Le manège et la carrière

Le retour à l'écurie

La leçon d'hippologie

Avant la leçon

Aborder le cheval

Pour monter à cheval, il faut aller chercher son compagnon, au pré ou à l'écurie, sans oublier qu'il déteste les surprises et que tout danger vrai ou supposé l'incite à fuir.

En premier lieu, préviens l'animal de ton arrivée en lui parlant de façon apaisante et amicale. Lorsqu'il a reconnu qui se présente, aborde-le calmement, sans brusquerie, sans cris, sans gestes brusques. Autant que tu le peux, approche-le de face, en évitant de passer derrière lui.

Pour aborder des chevaux, ne les surprends pas. Manifeste-toi en leur parlant.

Humeur ?

On devine facilement l'humeur du cheval en observant ses oreilles. S'il les tourne franchement vers celle ou celui qui vient à lui, c'est que tout va bien. S'il les couche, méfiance ! C'est qu'il a des craintes ou de mauvaises intentions... Pour nouer le contact, rien de tel qu'une friandise offerte et des caresses sur l'épaule ou l'encolure.

Le licol

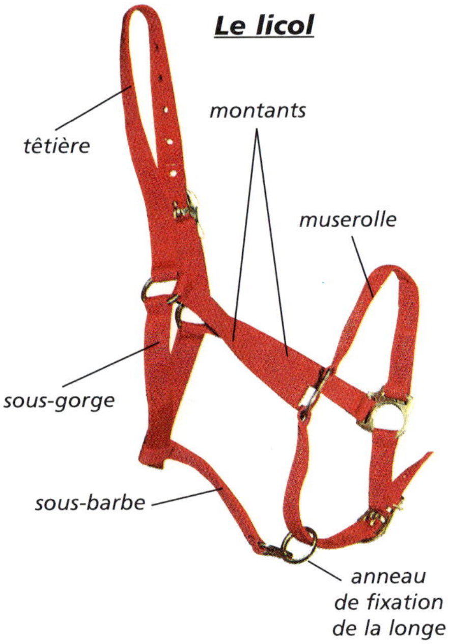

Mettre le licol

Pour attacher ton cheval ou le conduire à pied d'un lieu dans un autre, il faut lui mettre un licol sur lequel se fixe une longe.

1 *Place-toi à gauche du cheval.*

2 *Prends le licol par le haut de ses montants et passe-le autour du nez de l'animal.*

3 *Rejette gentiment la têtière par-dessus la nuque.*

4 *Boucle la têtière. Le licol se ferme toujours du côté gauche du cheval. C'est le côté par lequel on selle et on enfourche généralement l'animal, celui où il a l'habitude de voir l'homme s'activer.*

Mener en main

Tu peux avoir à déplacer ton cheval sans le monter et sans l'avoir bridé. Tu utiliseras alors le licol et la longe. Garde la longe courte pour que le cheval se sente tenu et pour mieux le contrôler. Mais veille à ne jamais l'enrouler autour de ta main : si le cheval venait à tirer, ta main serait enserrée par la longe, brûlée par frottement ; tu dois pouvoir lâcher la longe, sans risque de te faire blesser.

Marche devant le cheval et à sa gauche, à la même vitesse que lui.

Le nœud d'écurie

Avant de monter un cheval, tu dois faire sa toilette et le panser. Pour cela, attache-le en prenant 2 précautions :

- Ne l'attache pas trop court, pour éviter que l'animal ne s'affole, pas trop long non plus pour qu'il ne se prenne pas un antérieur dans la longe (la bonne longueur est d'environ 1 m).
- Pour les mêmes raisons, on doit choisir un point d'attache – anneau, barre*, branche, etc. –, situé environ à la hauteur du nez de l'animal.

Pourquoi un nœud d'écurie ?

Il peut arriver que le cheval tire sur sa longe. Si l'on a fait un nœud ordinaire, il se serre et on ne peut plus le détacher rapidement. Le nœud d'écurie est plus facile à défaire.

1 *Passe la longe dans l'anneau.*

2 *Réalise une première boucle avec la longe.*

3 *Fais une deuxième boucle à l'intérieur de la première.*

4 *Puis une troisième à l'intérieur de la deuxième et ainsi de suite pour réaliser une chaînette.*

Sécurité

Relie la longe à l'anneau ou la barre*, par une ficelle. Au cas où le cheval viendrait à tirer, la ficelle casserait. Tu n'aurais pas à intervenir et l'animal ne risquerait pas de se blesser.

Cette méthode présente cependant 2 inconvénients. Il faut rattraper le cheval libéré. Et puis, l'animal, n'ayant presque pas senti de résistance, peut prendre l'habitude de tirer pour reprendre sa liberté.

Attention ! Un cheval s'attache avec une longe, jamais avec les rênes ! Pourquoi ? Parce qu'il pourrait s'abîmer la bouche sur le mors. Et parce que des rênes coûtent plus cher qu'une longe.

Si ton cheval est dans un box, agis comme s'il était au pré : parle-lui avant de l'aborder et préviens-le de ton arrivée.

Le pansage

Panser un cheval c'est le nettoyer pour qu'il se sente à l'aise et pour ne pas risquer de le blesser (à cause de la boue collée au passage de sangle*, d'un caillou coincé sous un pied, etc.). Mais c'est aussi l'inspecter soigneusement pour déceler maladies ou anomalies physiques. Enfin, c'est le bichonner pour le plaisir de le rendre le plus beau possible !

Les instruments de pansage

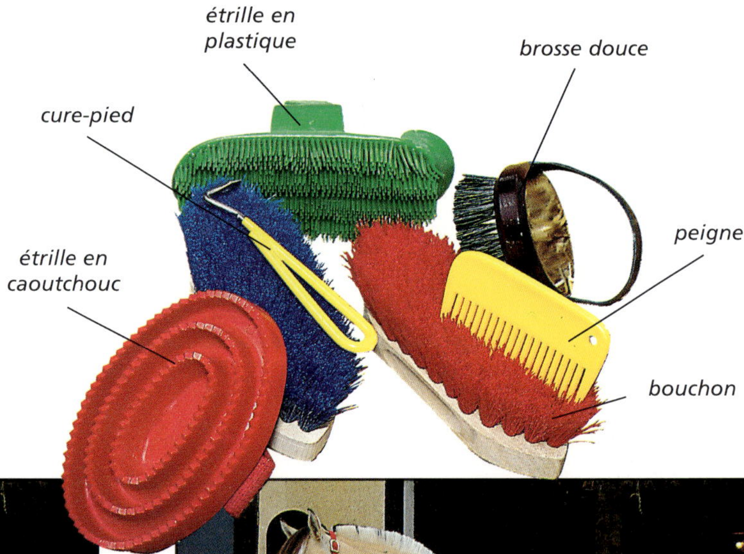

Curer les pieds

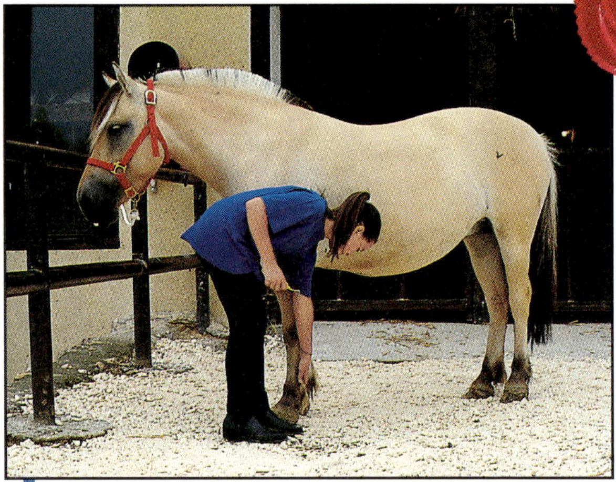

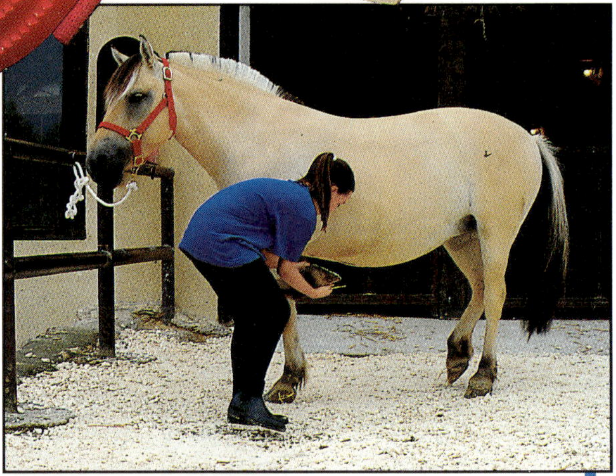

1 Pour prendre un pied du cheval, antérieur ou postérieur, tourne toujours le dos à sa tête. Glisse une main le long du membre, jusqu'au paturon.

2 Une légère poussée de l'épaule contre la sienne pour un antérieur…

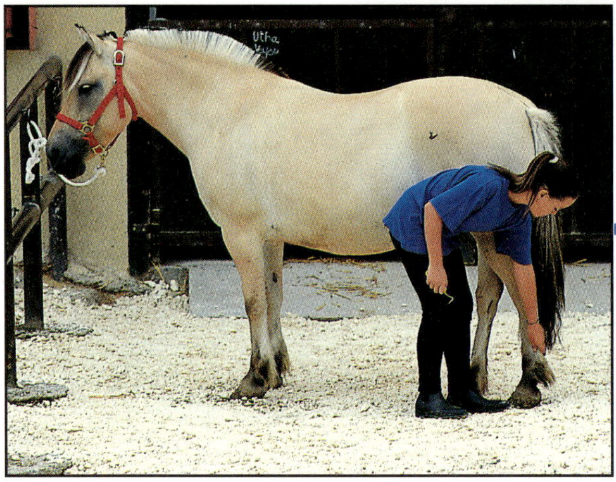

3 ou contre sa fesse pour un postérieur, suffit généralement pour qu'il te laisse lever son pied.

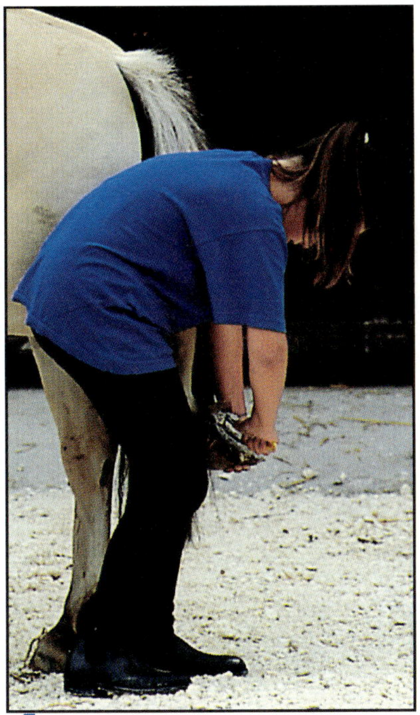

4 *Pour travailler commodément, fais reposer le pied sur ton genou.*

5 *Avec le cure-pied, gratte soigneusement le dessous du sabot, sans oublier les lacunes de la fourchette.*

6 *Cette opération terminée, repose le pied en l'accompagnant jusqu'au sol. Ne le laisse pas tomber.*

Ding, dong !

Curer les pieds, c'est aussi l'occasion de « sonner » les fers. Frappe-les d'un coup de cure-pied.

S'ils rendent un son plein, ils tiennent.

S'ils rendent un son grêle, les clous ne sont plus correctement rivés. Le déferrage est proche et le recours au maréchal-ferrant souvent indispensable.

Le pied du cheval

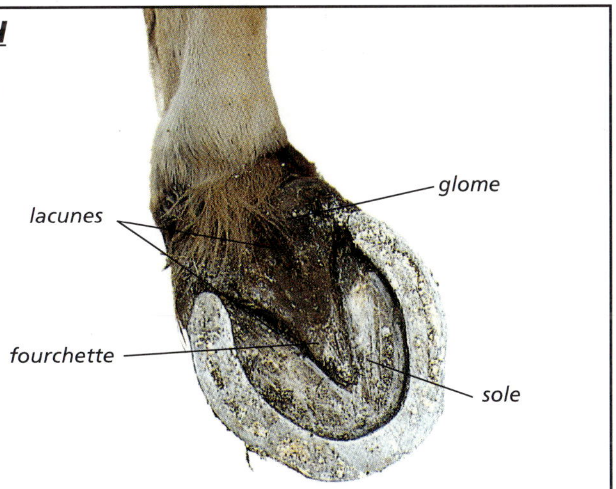

Étriller

C'est décoller le gros de la crasse de la robe du cheval.
Si l'animal arrive du pré couvert de boue, commence par utiliser l'étrille à dents, en plastique. Ensuite, termine avec l'étrille en caoutchouc.

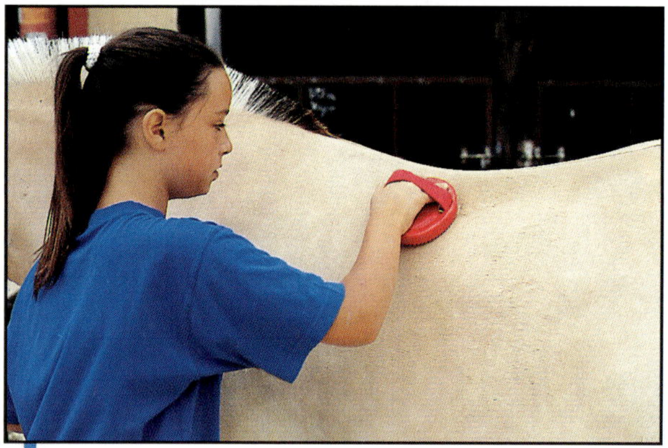

L'étrille décrotte les parties charnues du cheval et les masse.

Pour débarrasser l'étrille des impuretés qu'elle recueille, il suffit de la frapper sur le sol (jamais contre un mur, qu'elle salirait définitivement), ou de la frotter sur le bouchon.

Attention ! L'étrille se passe toujours à rebrousse-poil et, si elle est dure, uniquement sur les parties charnues du corps.

Bouchonner

Le bouchon s'utilise d'abord à rebrousse-poil, pour finir de décoller la crasse, puis dans le sens du poil. Ce brossage permet de faire tomber le plus gros des impuretés, des cellules et des poils morts. Pour être efficace et ne pas simplement déplacer les saletés, frotte régulièrement le bouchon sur l'étrille.

N'oublie pas de brosser les membres avec le bouchon.

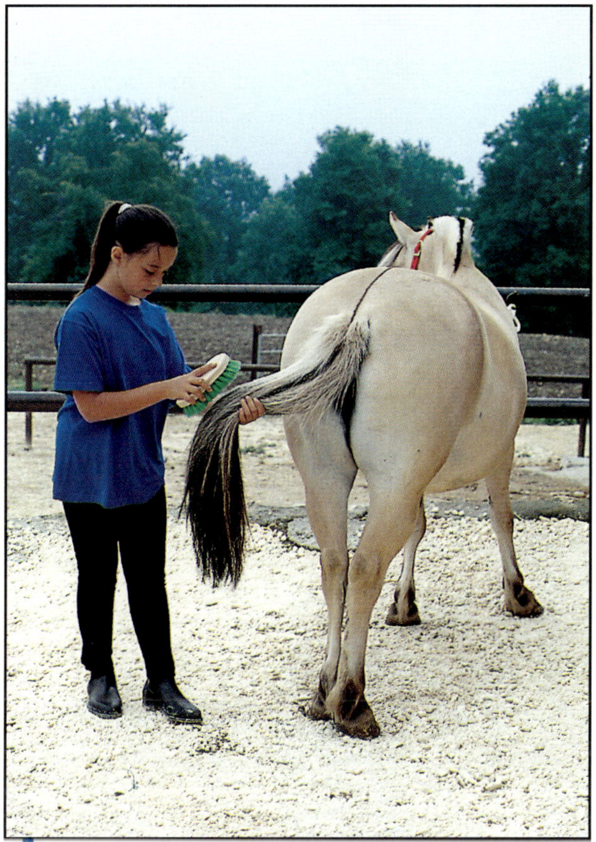

C'est aussi avec le bouchon que tu brosses la crinière et la queue.

Finitions

Un cheval propre, c'est bien. Mais un cheval joliment toiletté, c'est encore mieux ! Et on a les moyens de parfaire son pansage.

La brosse douce sert à lisser le poil...

... et l'époussette humide, à le faire briller.

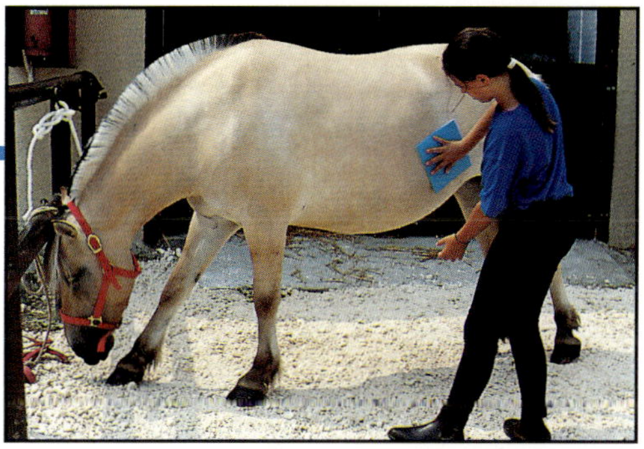

La plupart des chevaux adorent être pansés. Il arrive même que certains s'endorment, pendant qu'on les bouchonne et qu'on les brosse !

En cas de nécessité, démêle les crins avec le peigne.

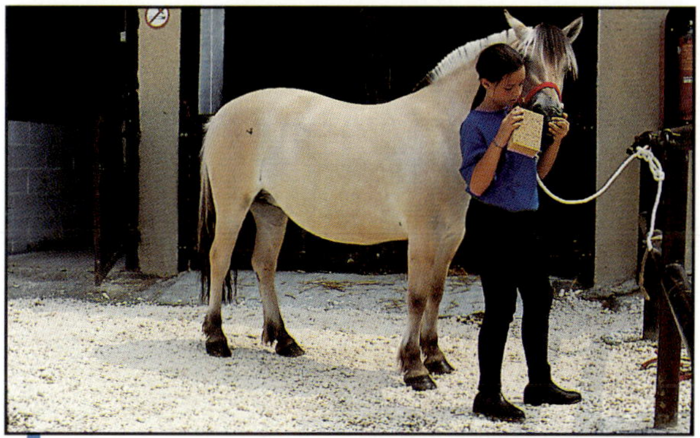

Dernière opération : tu peux nettoyer à l'éponge mouillée les naseaux, les yeux, l'anus, la vulve ou le fourreau.

Brider

Pour diriger, ralentir et arrêter ta monture, tu vas utiliser des rênes qui agissent sur la bouche du cheval par l'intermédiaire du mors. L'ensemble de ce harnachement s'appelle le filet. Il existe une quantité d'embouchures* (mors de bride, hackamore*, bosal*, etc.), mais la plus couramment utilisée est le mors de filet.

1 Déboucle la têtière du licol, puis reboucle-la autour de l'encolure. Ainsi, l'animal reste attaché et tu n'es pas gêné pour brider.

Le filet

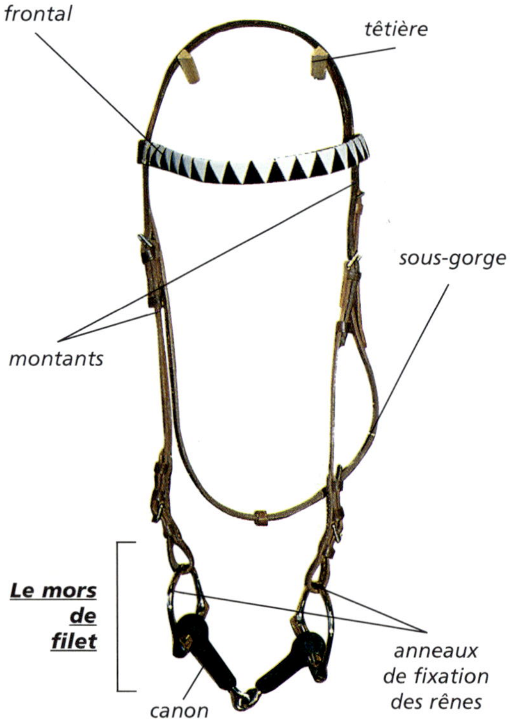

2 Passe les rênes par-dessus l'encolure du cheval.

Le mors de bride

Le hackamore*

3 Présente le mors sur ta main à plat.

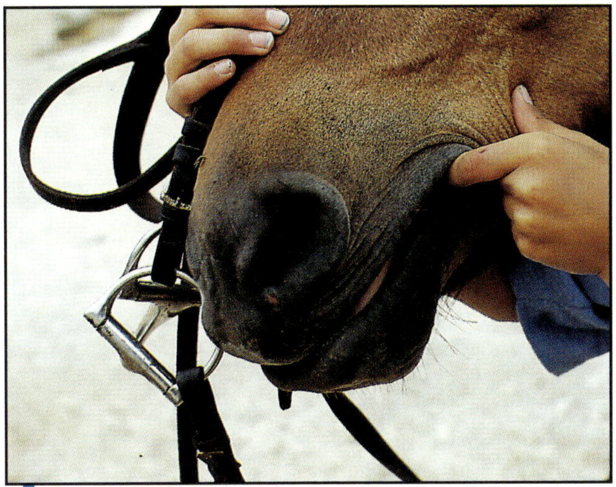

4 Si le cheval tarde à desserrer les dents, glisse le doigt entre ses barres (parties sans dents de la gencive). Cela suffit généralement pour qu'il ouvre la bouche.*

5 Mets la têtière en place (sans écraser les oreilles). Puis fais passer le toupet sur le frontal.

6 Boucle la sous-gorge. Attention, elle ne doit jamais être serrée. Maintenant que tu peux tenir le cheval par la bride, débarrasse-le du licol que tu veilles à ne pas laisser traîner à terre car l'animal pourrait s'y prendre les pieds.

La leçon à cru

Monter à cru, c'est monter sur un cheval nu, sans selle ni même couverture. Autrefois, on disait aussi… « monter à poil » !
Dans bien des poney-clubs et des centres équestres, on débute en montant avec une selle. Il est cependant possible de commencer par monter à cru. C'est la meilleure façon de devenir un cavalier à l'assiette* solide. Et parce qu'à cru, on sent toute la chaleur, toute la vie du cheval !

À cru, tu acquiers une bonne assiette qui te permettra de passer sans problème à la monte avec selle.*

Se mettre à cheval

On monte généralement à cheval du côté gauche. Mais il est bon d'apprendre à le faire des 2 côtés (si le cheval y est habitué), car en extérieur, un arbre, ou tout autre obstacle, peuvent obliger à monter à droite.

1 *Ajuste les rênes de la main gauche afin de limiter les possibilités de mouvement du balancier et de faire comprendre au cheval qu'il doit demeurer immobile. Empoigne de la même main une grosse touffe de la crinière et…*

2 *… saute sur le dos de l'animal en t'aidant des crins (ce qui n'est nullement douloureux pour lui).*

3 *Passe la jambe droite par-dessus la croupe du cheval.*

4 *Te voilà sur 4 pieds !*

Monter en douceur

Tu ne peux sauter à cheval et tu ne disposes pas de montoir* ? Demande alors à un camarade de te faire la courte échelle.

Attention ! Que tu montes d'une manière ou d'une autre, d'un côté ou de l'autre, une seule chose importe : ne pas frapper ou frotter le cheval avec tes pieds ou tes jambes ! On enfourche toujours un cheval en douceur !

Si tu es trop petit ou pas assez leste pour sauter à cheval, tu peux utiliser un montoir.*

Pour descendre de ta monture, passe la jambe droite par-dessus la croupe et saute à terre du côté gauche du cheval.

Mettre pied à terre

Mettre pied à terre n'est pas plus facile que de sauter sur le dos du cheval. Fais l'opération inverse. Tu dois encore veiller à ne pas donner involontairement des coups à l'animal. Amortis le saut à terre en atterrissant sur la pointe des pieds, les genoux pliés.

Position à cheval

N'oublie pas qu'à cheval, tu ne dois jamais être crispé, raide, mais parfaitement décontracté. Ce qui ne veut pas dire avachi ou mou ! À cheval, tu es assis juste derrière le garrot.

Laisse tomber tes jambes naturellement. Les points de contact avec le cheval sont tes fesses, tes cuisses, tes genoux et tes mollets. Ils doivent être placés de la même manière de chaque côté de l'animal. Si tu pesais plus d'un côté que de l'autre, tu gênerais le cheval. Tu risquerais aussi de glisser et de tomber, dès qu'il se met en mouvement.

Tiens-toi tête haute et buste bien droit.

La position : assis, le rein souple, les jambes tombantes, le buste vertical.

Comment « fonctionne » le cheval ?

Une fois à cheval, tu peux te demander comment tu vas contrôler l'animal, le faire avancer, tourner, l'arrêter. Impossible de le savoir sans comprendre comment il « fonctionne », sans savoir où se trouve son « moteur », ses « freins », son « accélérateur » (il en a, même s'il est très différent d'une voiture !).

Pour désigner les différentes parties du cheval, on parle de l'avant-main et de l'arrière-main. L'avant-main désigne la partie antérieure du cheval située devant la selle, tandis que l'arrière-main représente la partie postérieure de l'animal qui se trouve derrière la selle.

Les différentes parties du cheval

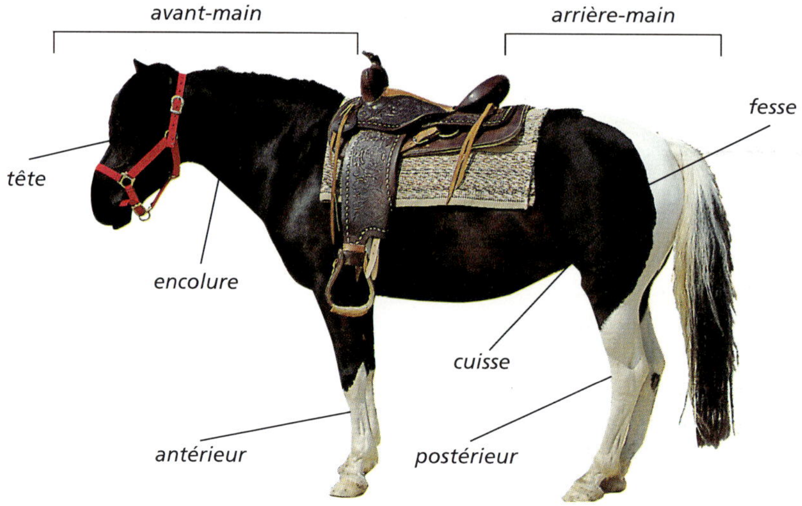

Le balancier

En observant un cheval en mouvement, tu constates à quel point son encolure et sa tête sont mobiles. Cet ensemble constitue son balancier. L'animal règle ses mouvements en le déplaçant. S'il veut galoper plus vite, il l'allonge. À l'inverse, s'il veut ralentir ou s'arrêter, il le relève en arrière. De même, il rejette la tête du côté opposé à celui où il veut tourner rapidement. Ainsi, il contrôle le déplacement du poids de son corps. Le balancier du cheval est un peu son gouvernail (mais il n'a rien d'un bateau non plus !).

1 *Au petit galop, les mouvements du balancier...*

2 *... sont difficiles à observer. Mais...*

3 *... à cheval, on les sent parfaitement.*

L'arrière-main

Les postérieurs du cheval sont pourvus d'impressionnantes masses musculaires (cuisses, fesses). C'est grâce à leur puissance que l'animal se pousse en avant, ou freine en les retenant ou en les contractant. Ses postérieurs sont donc son moteur et son frein, alors que ses antérieurs, presque dépourvus de muscles, ne font que supporter une partie de son corps.

Le cheval évite de rouler en bas de la pente, en maintenant ses postérieurs avancés sous son corps, et en les raidissant. Il freine.

Les aides

Pour contrôler le cheval, son moteur et son gouvernail, tu disposes d'un ensemble de moyens, les aides. Elles sont de 2 types :

- **les aides naturelles :**
  - la voix,
  - les jambes,
  - les mains,
  - le poids du cavalier ;
- **les aides artificielles :**
  - l'enrênement,
  - les éperons,
  - la cravache.

Les aides naturelles

La voix

On ne parle jamais assez aux chevaux ! Même si tu ne connais pas un cheval, tu peux le complimenter et l'encourager d'une voix douce. Il agit mal ? D'une voix dure, tu le grondes, il comprend parfaitement compliments et réprimandes. Car les chevaux sont très sensibles aux intonations de la voix humaine. Tu peux aussi rassurer ta monture en lui parlant calmement.

Savoir céder

Il te faut apprendre comment utiliser ces aides, ces moyens de donner des indications au cheval. Mais n'oublie jamais : quelle que soit l'action demandée à ta monture, tu dois toujours céder, dès que tu as obtenu le résultat souhaité.

Les jambes

À cheval, elles doivent demeurer fixes, ne pas ballotter dans tous les sens. Cependant tu les utilises de 2 manières.

Tu donnes des jambes en les serrant contre les flancs du cheval pour le pousser en avant. Plus tu serres fort, plus tu donnes d'impulsion à l'animal, plus tu l'incites à aller de l'avant. Si la pression des jambes ne suffit pas, tu peux tapoter le cheval des talons.

Tu utilises une seule jambe, qu'on appelle la jambe isolée, pour appuyer sur le flanc du cheval ou le tapoter, afin de le faire tourner du côté de la pression.

Reculer une seule jambe pour presser le flanc du cheval, c'est un peu comme tourner son « volant ».

Les mains et la tenue des rênes

Les mains sont des aides naturelles, qui s'associent aux rênes, aides artificielles. Elles permettent de diriger le cheval, de le ralentir et de l'arrêter. Il y a plusieurs manières de tenir les rênes, à 2 mains ou à 1 seule.

Les rênes sont dans le prolongement de l'avant-bras. À 2 mains, tu as 1 rêne dans chaque main. Il y a 2 méthodes : autour de 3 doigts…

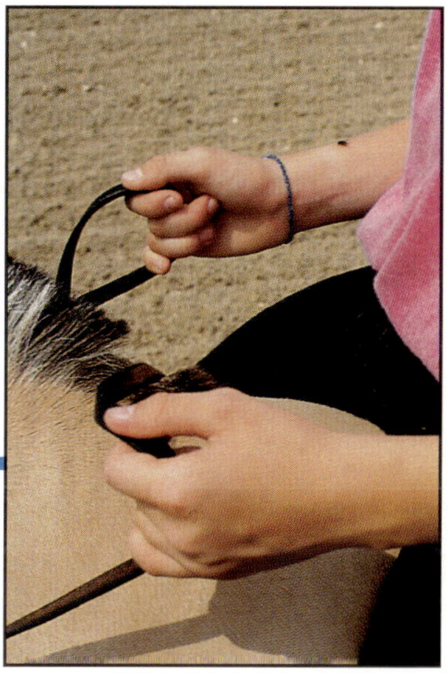

… ou de 4 doigts.

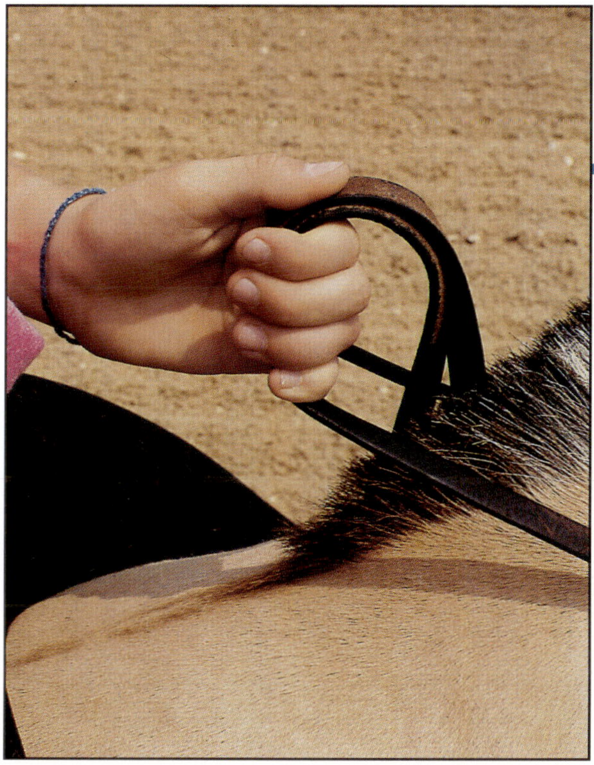

À 1 main, tu utilises la gauche. Ainsi, la main droite, généralement la plus habile, est libre (et tu peux lire une carte ou… te moucher !).

Il existe aussi d'autres techniques, notamment les méthodes américaine et européenne.

Dans tous les cas, tes poignets doivent être maintenus dans le prolongement des rênes. Les rênes ne se tiennent ni trop longues ni trop courtes. Trop longues, elles laisseraient le cheval libre. Trop courtes, elles entraveraient son balancier, ses mouvements. La longueur des rênes, entre la bouche du cheval et ta main, doit être la même de chaque côté. La tension sur les 2 rênes doit être égale.
Quelle est la meilleure façon de tenir les rênes ? Toutes, c'est-à-dire celle que tu préfères !

Le poids du cavalier

Le cheval avance, marche et court en poussant sur ses postérieurs. Plus tu te penches en arrière, plus tu mets de poids sur son arrière-main. L'animal utilise alors ses postérieurs moins aisément, avance moins facilement. Si, au contraire, tu te penches en avant, tu permets à l'arrière-main de donner toute sa puissance. Et, en portant tout ton poids sur l'avant-main, tu pousses le cheval à forcer l'allure (comme les jockeys !).

Pour ralentir et arrêter le cheval, penche-toi en arrière ; pour l'inciter à avancer, penche-toi en avant.

Penche-toi en avant pour libérer l'arrière-main, ce qui permet au cheval d'accélérer.

Pour ralentir le cheval, penche-toi en arrière pour charger l'arrière-main.

Lorsque le cheval prend un virage, tu peux aussi te pencher du côté où il tourne, pour l'aider.

Le collier d'encolure

Pour tes premières heures à cheval, il est souhaitable que tu disposes d'un collier d'encolure. Si tu te sens déséquilibré, tu peux t'y cramponner d'une main et tenir les rênes de l'autre. Cela vaut mieux que de s'accrocher aux rênes, ce qui tire sur la bouche du cheval et le fait souffrir.

Si tu manques d'équilibre, retiens-toi au collier d'encolure, jamais aux rênes !

Les aides artificielles

L'enrênement, qui sert à guider le cheval, est indispensable au cavalier.

Mais les 2 autres aides artificielles, la cravache et les éperons, ne le sont pas. Car, avec un cheval docile, comme il y en a dans la plupart des centres équestres, ils sont parfaitement inutiles. Ces accessoires, nullement destinés à frapper le cheval, mais à l'activer ou à le faire réagir rapidement, ne peuvent être utilisés avec bon sens et sans violence que par un cavalier confirmé.

Avant d'utiliser la cravache et les éperons, il faut apprendre à très bien se tenir à cheval.

Premiers pas

Avant de mettre le cheval en marche pour la première fois, empoigne le collier d'encolure d'une main (ou une touffe de la crinière), tandis que tu tiens les rênes de l'autre.
Pour mettre le cheval en marche, rends la main (laisse les rênes un peu plus lâches) et donne des jambes.
Le cheval fait les premiers pas et tu réalises que tu n'es pas sur une chaise. Ça bouge ! Comment tenir sur cet animal en mouvement ?

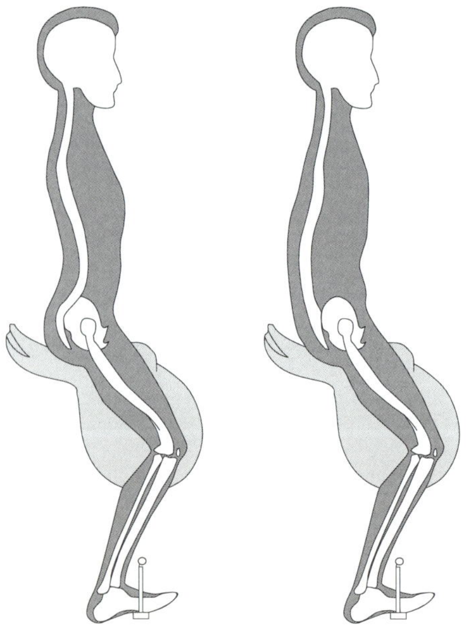

À cheval, avec ou sans selle, les mouvements du cheval sont absorbés par la souplesse du rein du cavalier.

Quels que soient les mouvements du cheval, garde le bas du corps dans la même position, contre l'animal. Mais en te pliant au niveau des reins, maintiens ton buste vertical. Les rênes aussi bougent, car le cheval en marche actionne son balancier. Tes mains, ou ta main, doivent les accompagner ; cela s'appelle « rester au contact ».

Il suffit d'avoir les reins très souples et d'épouser le rythme du cheval. C'est un peu comme si ton corps était fait de 2 parties indépendantes : tes jambes et ton bassin suivent les mouvements du cheval ; ton buste est presque immobile et toujours vertical, comme si rien ne se passait.
Cela n'est pas vraiment facile ? Si ! À condition de veiller à laisser aller tes reins souplement et de ne pas te contracter.

Sans être vicieux ni méchant, un cheval peut avoir parfois une bonne raison de se cabrer. Ce qui ne pose aucun problème au cavalier au rein souple ayant une bonne assiette.*

Les mains ou la main

« Tendre les rênes » cela peut être « lever les mains », « fermer les doigts » ou bien d'autres expressions, selon l'instructeur auquel on a affaire.
Que signifie exactement « tendre les rênes » ? C'est tout simplement exercer une tension sur les rênes, progressivement, sans violence, sans à-coups, jusqu'à ce que l'on obtienne ce que l'on demande.
« Tendre les rênes », est l'inverse de « tirer sur les rênes ». Car tirer, c'est être violent, c'est faire souffrir et abîmer la bouche du cheval.

Le mors n'est jamais méchant, mais la main du cavalier peut l'être. Car elle peut tendre les rênes ou tirer sur elles... On dit du cheval qui a été trop violenté par des mains méchantes, qu'il n'a « plus de bouche ». Il est alors difficile à conduire...

Accélérer

Si tu veux que le cheval aille plus vite, reste simplement au contact, pour laisser toute sa liberté au balancier. Serre les jambes ou talonne et penche-toi légèrement en avant.

S'arrêter

C'est facile, agis comme pour freiner, mais en insistant. L'arrêt obtenu, remets-toi en position normale en gardant juste les rênes au contact.

Freiner

Le cheval avance trop vite ? Penche-toi en arrière pour limiter l'action de l'arrière-main. Tends plus ou moins les rênes pour restreindre l'action du balancier.

Pour que le cheval comprenne bien l'ordre de s'arrêter, il faut veiller à coordonner ses mouvements, à se pencher en arrière et à tendre les rênes en même temps.

Changer de direction

Au cours des premières leçons, tu n'as guère à guider ton cheval. De lui-même, il suit celui qui le précède, ou obéit aux ordres de l'instructeur. Il te faut cependant apprendre à le conduire.

Tu disposes de 3 moyens pour demander au cheval de changer de direction lorsqu'il est en marche : la jambe isolée, la position du corps, la main et les rênes.

La jambe isolée

Du côté où tu veux tourner, appuie avec la jambe sur l'arrière du flanc du cheval, ou tapote-le du talon. L'animal cherche à éviter cette pression ; il tourne son arrière-main et prend la direction désirée.

La jambe isolée sert à repousser les hanches du cheval. Plus tu veux virer court, plus tu l'actionnes puissamment.

La position du corps

Penche-toi en te tournant du côté où tu veux tourner. Plus tu veux virer court, plus tu te tournes et te penches sans exagération.

Un truc pour tourner avec précision : fais pivoter ton buste en regardant dans la direction où tu veux aller.

La main et les rênes

Les rênes dans une main, tu fais une « rêne d'appui ». Tu écartes la main qui tient les rênes du côté où tu veux tourner. Pour tourner à gauche, tu appuies donc la rêne droite contre l'encolure du cheval.
Une rêne dans chaque main : si tu veux aller à droite, tourne le poignet droit vers l'extérieur. Écarte-le de manière à amener le bout du nez du cheval à droite. Pour ne pas contrarier le mouvement de l'animal, pour ne pas tendre la rêne gauche, avance légèrement la main gauche. Dès que tu as obtenu ce que tu désires, remets les mains en position de marche.

La rêne d'appui est appelée aussi « rêne contraire » car le cheval tourne du côté opposé à celui où la main agit.

Vaut-il mieux conduire à 1 main ou à 2 ? C'est sans importance. Tout tient à l'adresse du cavalier qui a la main légère ou lourde.

On peut tourner en tenant les rênes à 2 mains avec une « rêne d'ouverture ».

Avec 1 main, plus tu veux virer court, plus tu relèves les rênes sur l'encolure.

Au cours des premières leçons, tu peux avoir du mal à réussir ces exercices. Il te faut garder l'équilibre, te servir de tes jambes, de tes mains, tout en déplaçant le poids de ton corps. Cela fait beaucoup ! Mais tous ces mouvements et ces actions deviennent instinctifs. Très vite, tu les fais sans même y penser. Et tu te sens alors mieux à cheval qu'à pied !

Les assouplissements

On les fait souvent en début de leçon, car ils constituent un bon échauffement pour les chevaux et les cavaliers.
On peut imaginer une quantité d'exercices d'assouplissement. Cette gymnastique est un excellent moyen de développer l'équilibre à cheval, donc l'assiette*. On commence sur l'animal arrêté, puis au pas. Lorsqu'on se sent vraiment à l'aise, on peut s'exercer au trot. On est alors presque un Cosaque !

Élévation alternée des cuisses.

Rotation d'un bras, puis de l'autre.

Rotation du torse, bras à l'horizontale.

Caresser le bas de l'épaule, d'une main d'un côté, et de l'autre main de l'autre côté.

Caresser la cuisse opposée, d'une main, puis de l'autre.

Le trot

1 *Le cheval est au pas.*

2 *Pour demander le trot, procède comme pour le pas : rends la main et donne des jambes.*

Si tu te raidis, tu te fais secouer et te tapes les fesses ! Mais si tu demeures décontracté, les reins bien souples, tu épouses les mouvements du cheval, comme au pas. Ça va juste un peu plus vite !

Au trot, comme au pas, ta main reste au contact. Elle est prête à rendre, pour allonger (accélérer), ou à freiner, en tendant les rênes.

C'est facile, car le trot est la seule allure où le mouvement du balancier est presque inexistant. Le trot est une allure sautée à 2 temps. Pour comprendre les mouvements du cheval à cette allure, il faut savoir ce qu'est un diagonal : l'association d'un antérieur et du postérieur opposé. Au trot, le cheval lève et pose un diagonal après l'autre.

Le diagonal gauche est l'association de l'antérieur gauche et du postérieur droit.

Le diagonal droit est l'association de l'antérieur droit et du postérieur gauche.

Le galop

C'est l'allure la plus rapide.
Le cheval a 4 jambes. Mais le galop est une allure naturelle sautée à 3 temps. Au galop, le cheval pose 1 postérieur, puis le diagonal correspondant à l'autre postérieur et enfin son 4e pied, donc un antérieur.
Le cheval peut donc galoper de 2 manières : sur un diagonal ou sur l'autre. On dit qu'il galope « à droite », s'il va sur son diagonal gauche et « à gauche », s'il va sur le droit.

1 Le cheval est au trot.

2 Pour galoper, donne des jambes et rends la main. Son trot devenant trop rapide, le cheval « tombe » dans le galop.

1 Posé du postérieur droit,

2 du diagonal droit

3 et de l'antérieur gauche.

Il existe plusieurs méthodes, pour mettre un cheval au galop. Tu les apprendras lorsque tu seras un cavalier confirmé. Voici la plus simple : le départ au galop, par allongement d'allure.

Dès que le cheval a pris cette allure, demeure au contact pour accompagner le mouvement du balancier. Si tu es décontracté et souple des reins, le galop est une allure de rêve !
Pour repasser au trot, tends les rênes en te penchant en arrière. Aussitôt que le cheval a changé d'allure, reprends la position normale.

Les allures

Le pas : allure à 4 temps

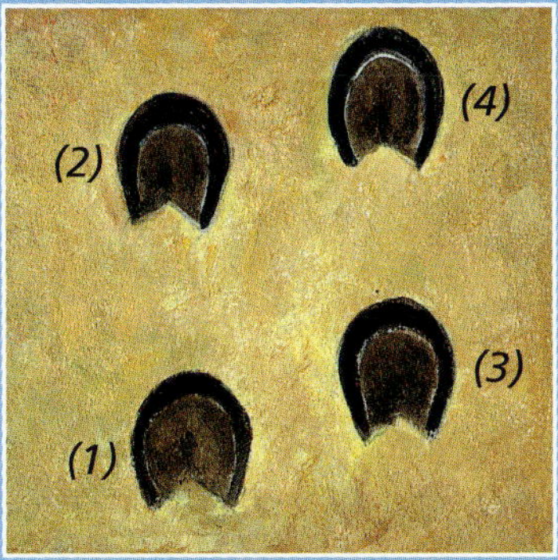

(1) Postérieur gauche
(2) Antérieur gauche
(3) Postérieur droit
(4) Antérieur droit

Le trot : allure à 2 temps

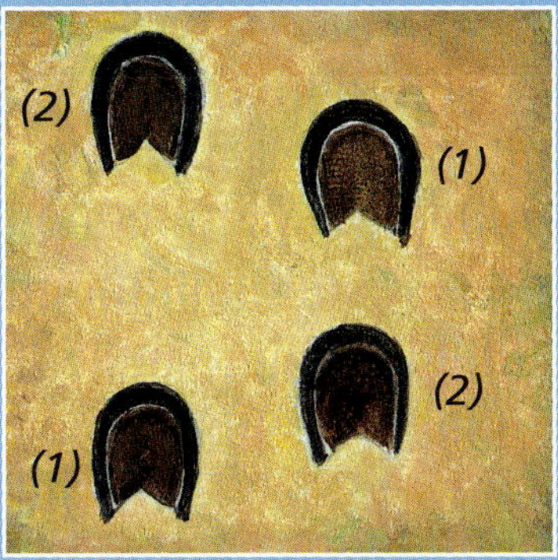

(1) Antérieur droit et postérieur gauche
(2) Antérieur gauche et postérieur droit

Le galop : allure à 3 temps

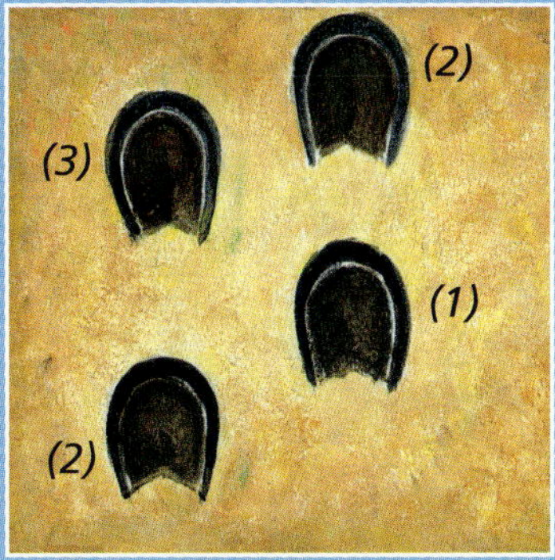

(1) Postérieur droit
(2) Antérieur droit et postérieur gauche
(3) Antérieur gauche

Le reculer

Il est difficile de faire reculer un cheval selon les règles (un diagonal après l'autre). Mais tout cavalier doit pouvoir faire faire marche arrière à un cheval.

Pouvoir faire reculer un cheval est souvent utile. Pour sortir d'un groupe de cavaliers ou ouvrir une barrière, par exemple.

Demande le reculer à partir de l'arrêt. Donne des jambes, comme pour le départ en avant mais ne rends pas la main.

Au contraire, résiste en tendant les rênes et en te penchant légèrement en arrière, comme pour t'arrêter.

Si le cheval a été bien éduqué, il fait un pas en arrière. Continue à donner des jambes. Il continue à reculer.

La leçon à cru en extérieur

Les promenades hors du poney-club ou du centre équestre sont un plaisir, pour le cheval comme pour toi. Mais elles sont aussi un excellent moyen de te perfectionner, de développer ton assiette* et de devenir un vrai cavalier, soucieux du bien-être de sa monture.

Le cavalier et le terrain

Sur la carrière ou dans le manège, le sol est plat. Le cheval peut marcher, trotter et galoper régulièrement. Les chemins et sentiers, à travers champs et forêts, montent ou descendent. Tu y es entraîné tantôt vers l'arrière de ta monture, tantôt vers l'avant. Mais tu dois te tenir en place, pour ne pas gêner l'animal. Comment t'y prendre ?

Toujours la même règle : du bassin jusqu'aux pieds, ton corps doit suivre tous les mouvements du cheval, tandis que ton buste demeure vertical.

Pour monter une pente, agrippe-toi à la crinière et penche-toi en avant pour soulager l'arrière-main.

Pour descendre, appuie-toi sur le garrot et serre les genoux. Pas les jambes ! Cela pousserait le cheval à aller plus vite.

Le cheval change de pied

Grande joie, au cours d'une balade : le temps de galop sur un beau chemin. Mais gare aux virages brusques !

Lorsque le cheval veut tourner à gauche, il galope « à gauche ». Pour tourner à droite, il galope « à droite ». Mais s'il galope « à gauche » et doit tourner à droite, il « change de pied », il change le bipède (association d'un antérieur et d'un postérieur du même côté) sur lequel il galope.

Un cavalier expérimenté sait toujours sur quel pied galope son cheval (il le fait même changer de pied à volonté). Mais toi, tu ne sais pas encore et tu peux être surpris lorsque le cheval change de pied pour tourner. Tu ressens alors un à-coup qui risque de te jeter à terre.

Alors, prends tes précautions : avant de prendre un virage au galop, serre les genoux et empoigne la crinière.

Le cheval et l'eau

Au cours d'une longue balade, il arrive que l'on trouve une mare ou un ruisseau. C'est l'occasion de faire boire les chevaux. On les laisse entrer dans l'eau mais gare à celui qui commence à la frapper d'un antérieur !
Il agit ainsi, parce qu'il a envie de se rouler dans l'eau. Avec son cavalier ! Il est facile de l'en empêcher, il suffit de lui demander le pas. Vite ! Relève-lui la tête, puis rends la main en donnant vigoureusement des jambes, pour le faire sortir de l'eau. Tu peux l'y ramener ensuite. Mais s'il persiste à vouloir se rouler, il ne boira pas avant d'avoir regagné l'écurie...

Laisser les chevaux se tremper les pieds dans l'eau est bénéfique à leurs tendons.

C'est un plaisir pour le cheval de jouer dans l'eau.

Le cheval et le terrain

Sentiers et chemins sont tantôt caillouteux, raboteux, tantôt mous ou glissants. Tu dois sans cesse observer le terrain et tenir compte de son état. Ne galope pas sur des cailloux qui pourraient abîmer les pieds du cheval. Monte en zigzag les pentes trop escarpées et pénibles, pour éviter de fatiguer ta monture. Laisse souffler le cheval en arrivant en haut d'une côte. Fais marcher l'animal dans l'eau, s'il a les jambes boueuses et que tu en as l'occasion.

Lorsque tu as l'habitude de monter en extérieur, tu es très, très à l'aise au manège car tu as acquis une solide assiette*. Et tu es un peu plus copain avec le cheval que tu as monté parce que tu as fait « des choses » différentes avec lui…

En promenade à l'extérieur, fais attention à l'état des chemins que tu empruntes et adapte-toi au terrain.

Lorsque tu te promènes dans un environnement boisé, fais attention aux branches. Pour passer sous un arbre, penche-toi sur l'encolure. Tu peux aussi relever les branchages avec la main.

La leçon avec cheval sellé

Il existe une quantité de types de selles, de par le monde. En France, on en trouve et on en utilise principalement deux : la selle anglaise et la selle américaine.

La selle anglaise

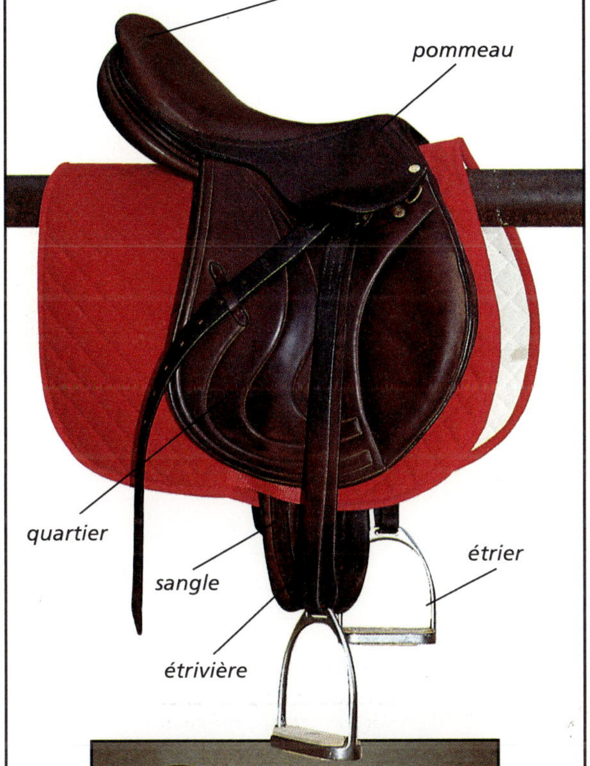

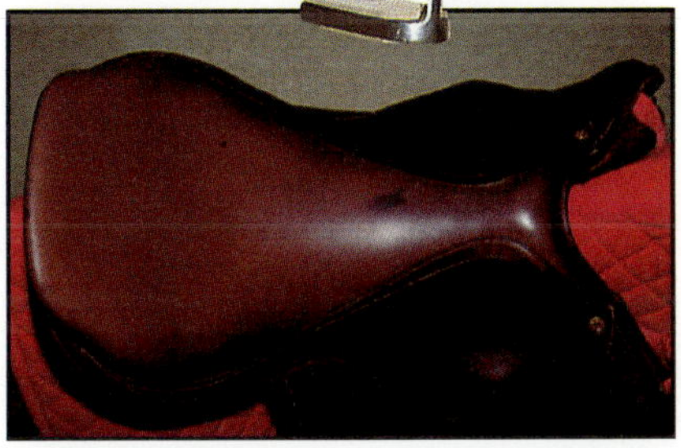

La selle américaine

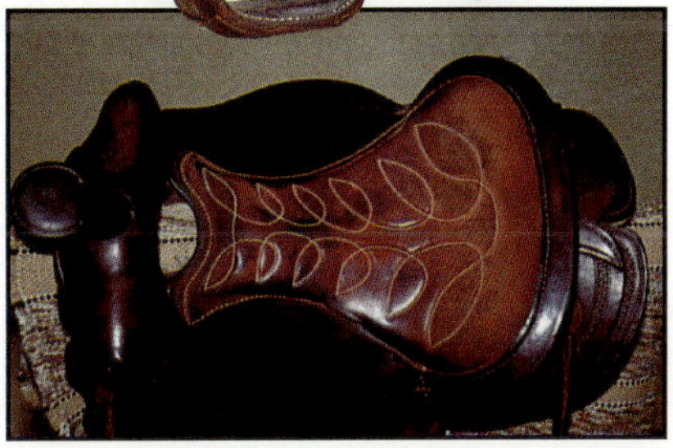

Seller

On ne selle, bien sûr, qu'un cheval pansé dont le dos est parfaitement propre et les poils lissés dans le bon sens.

1 *Mets le tapis de selle en avant de sa place. Prépare la selle de manière à ce que rien ne ballotte contre le cheval pendant que tu vas seller.*

2 *En te plaçant du côté gauche du cheval, pose la selle en avant de sa position normale et fais-la glisser avec le tapis jusqu'à sa place, pour que les poils soient bien lisses, pour qu'ils ne forment pas de bourres.*

3 *Dégarrotte* légèrement le tapis de selle. Après avoir fait le tour de l'animal, rabats la sangle sans heurter le cheval.*

4 *Revenu du côté gauche, attrape la sangle sous la poitrine du cheval et sangle.*

Avec une selle américaine, procède de la même manière. Mais pour sangler, tu n'as pas toujours une boucle à ardillon. Tu dois alors faire un nœud de cravate.

Précautions

Bien des chevaux « se gonflent » lorsqu'on les sangle : ils enflent leur poitrine, pour éviter d'être trop serrés. La selle est alors mal assurée et risque de tourner. Il est donc prudent de toujours ressangler, juste avant de monter à cheval. Mais sans exagérer, car l'animal aurait du mal à respirer et la sangle pourrait le blesser.

Parfois, la sangle pince un pli de la peau du cheval, même si on l'a mise soigneusement en place, ce qui peut causer une vilaine blessure... Le moyen de l'éviter est simple : tirer les antérieurs vers l'avant, l'un après l'autre. Cela met la peau de la poitrine à plat, sous la sangle.

À noter : plus le garrot* du cheval est important (comme ici), moins la selle risque de glisser, moins il est nécessaire de le sangler fort. Plus le garrot* est noyé, plus la selle risque de tourner, plus il faut veiller au sanglage.

Ajuster les étriers

Il y a de grands et de petits cavaliers. Certains ont de longues jambes et d'autres les ont courtes. Tous ne peuvent monter avec des étrivières* de la même longueur. Comment les régler ?

Selon une tradition, la longueur de l'étrivière* doit être la même que celle du bras du cavalier. Ce n'est qu'une tradition. Mais, la première fois, tu peux régler les étrivières* selon cette théorie. Ensuite, quelques minutes à cheval et l'avis d'un connaisseur te permettent de juger si ce réglage est bon. Généralement, il faut le rectifier un peu, allonger ou raccourcir les étrivières*.

Tu peux régler approximativement les étriers en sachant que la longueur de l'étrivière est à peu près égale à celle de ton bras.*

Se mettre en selle

Le problème est le même que pour monter à cru. Tu dois te mettre en selle avec légèreté, sans frotter ni heurter le cheval. Mais en plus, tu ne dois pas faire tourner la selle ! Cela serait désagréable pour le cheval et risquerait de faire des plis au tapis de selle (qui pourraient blesser l'animal...).

Chaque tradition prône sa manière de se mettre en selle. Quelle est la meilleure ? Celle-ci ?... Celle-là ?... Cette autre ?... Celle que l'on veut ! Celle que l'on préfère ! À condition de respecter le cheval, de ne pas le heurter, de ne pas lui enfoncer le pied dans les côtes, ni de déstabiliser la selle.

1 *Ajuste les rênes, mets ton pied gauche dans l'étrier gauche.*

2 *Élève-toi (ne te trompe pas de pied !).*

3 *Jette ta jambe droite très au-dessus de la croupe du cheval.*

4 *Assieds-toi et chausse l'étrier droit.*

Monter en selle anglaise : une tradition voudrait que l'on mette le pied à l'étrier en tournant le dos à la tête du cheval. Car si l'animal avance, on dispose d'un instant pour l'enfourcher…

… mais un cheval bien dans sa tête et bien éduqué ne bouge jamais au montoir. On peut donc l'enfourcher en se tournant vers sa tête, ce que les circonstances obligent parfois à faire.*

Monter en selle américaine : les larges étrivières de la selle américaine maintiennent les étriers perpendiculaires au cheval. Il est donc difficile d'enfourcher l'animal autrement que tourné vers sa tête.*

La position

La position à cheval avec une selle est presque la même que celle à cru. Tu es décontracté sans être mou.
Mais, nouveauté, tu n'as plus les pieds libres. La position des pieds est identique pour tous les cavaliers du monde. Ils l'adoptent pour utiliser efficacement leurs étriers, en pesant sur leurs talons en cas de besoin.

Le cavalier doit être assis d'aplomb (buste et tête verticaux). Ses jambes tombent naturellement. Ses pieds sont engagés d'1/3 dans les étriers, presque parallèles aux flancs du cheval, les talons étant plus bas que les pointes.

Les étriers

Tu te sens tout drôle en te retrouvant sur une selle après avoir appris à monter à cru. Tu n'as plus le même contact avec le cheval, sa chaleur, sa vie… Alors, pourquoi monter avec une selle, si tu peux t'en passer ? Pour faire plus encore avec le cheval ! Car la selle est munie d'étriers, de points d'appui pour les pieds. Grâce à eux, tu peux faire plein de choses, comme jouer au horse-ball* ou sauter de hauts obstacles.

Étriers camargais.

Si tu dois mener ton cheval en main alors qu'il est sellé, remonte les étriers pour ne pas qu'ils lui battent les flancs.

Du cheval à la selle

Lorsque tu passes de la monte à cru à la monte avec selle, il faut ignorer la nouveauté. Tu dois trotter et galoper, comme tu le faisais auparavant. Tu perds les étriers ? Aucune importance ! Tu les rechausses. Il faut peu de temps pour prendre l'habitude d'y maintenir les pieds sans les y appuyer vraiment. Car les étriers sont une aide, pas le sol. À cheval, on doit être sur ses fesses plus que sur ses pieds !

Au trot assis, l'étrier ne doit porter que le poids de la jambe. Si tu prends trop appui sur lui, tu te tapes les fesses !

Les trots

Le trot assis

Lorsque tu montes à cru, tu pratiques le trot assis puisque tu ne décolles pas du dos du cheval. Tu trottes assis de la même façon avec une selle. C'est l'assiette* acquise sans selle qui te permet de rester lié à ta monture quelles que soient ses réactions.

Pour trotter assis lorsque ton cheval est sellé, tu peux aussi relever les étriers et les croiser en avant de la selle pour qu'ils ne ballotent pas contre le cheval.

Le trot en équilibre

Pour trotter en équilibre, tu dois te mettre en suspension et demeurer les fesses au-dessus de la selle. Voici le secret pour y parvenir : porte tout ton poids sur tes talons, sans raidir tes jambes et en te penchant légèrement en avant. Le mieux est d'expérimenter cette position à l'arrêt.

On utilise le trot en équilibre pour ne pas changer d'allure sur des terrains bosselés par exemple, ou en course d'endurance pour limiter la fatigue du cheval et du cavalier.

Pour trotter en équilibre, prends appui sur les étriers afin de soulever les fesses au-dessus de la selle. Conserve le dos plat en avançant légèrement les épaules.

Le trot enlevé, ou trot anglais

Pour trotter enlevé, tu décolles de la selle 1 battue* sur 2. Tu peux te demander quel est l'avantage du trot enlevé, par rapport au trot assis. Il te permet surtout d'éviter la fatigue, au grand trot. Car trotter assis, à très vive allure, n'est pas vraiment facile. Un bon moyen d'améliorer ton assiette* : trotter enlevé sans étriers. C'est impossible ? Non ! Et c'est très amusant !

Sur quel diagonal trottes-tu ? Si tu t'élèves quand l'antérieur droit s'avance et que tu te trouves assis quand cet antérieur se pose, alors tu trottes sur le diagonal droit. Regarde le mouvement des épaules, il te renseigne sur celui des pieds.

Tu t'élèves quand l'antérieur droit s'avance : tu trottes sur le diagonal droit.

1 *Commence par trotter en équilibre.*

2 *Redescends dans la selle à la battue* d'après.*

3 *Relève-toi à la battue* suivante et ainsi de suite.*

4 *Assieds-toi brièvement, chaque fois que le même diagonal est posé au sol.*

Attention, si tu fais sans cesse peser ton poids sur le même diagonal, tu fatigues les 2 mêmes jambes. Il faut donc changer souvent de diagonal. Pour y parvenir, assieds-toi 2 temps de suite dans la selle. Avec un peu d'habitude, tu arriveras très vite à changer de diagonal, toutes les 4 ou 5 battues*.

Le galop

On peut demander le galop à un cheval, à partir de l'arrêt, ou même du reculer. Mais seulement lorsqu'on est un cavalier très adroit...

Plus simple : comme à cru, mets le cheval au trot et reste assis dans la selle. Puis donne des jambes en rendant la main (serre fort les mollets et avance la main), pour obtenir le galop. Tout se passe encore comme à cru.

Tu peux galoper assis ou en suspension. Le galop en suspension permet de dégager l'arrière-main et d'aller plus vite.

Galop assis

Au galop assis, le mouvement de bascule du cheval est amorti par le jeu des reins et du dos du cavalier qui « colle » ainsi à sa monture.

Galop en suspension

Pour galoper en suspension, lève-toi légèrement au-dessus de la selle et penche-toi en avant. Pour garder l'équilibre, place tout ton poids dans les talons.

Mets-toi en suspension, comme au trot, en portant tout ton poids sur les talons. Penche-toi en avant, soulageant ainsi l'arrière-main du cheval, son propulseur. Cela permet à l'animal de donner toute sa puissance, d'allonger ses foulées.
Mais attention à ne pas te laisser « embarquer », c'est-à-dire te laisser « prendre la main » ! Tu dois demeurer maître du cheval. Tu disposes toujours des mêmes moyens : ta main et le poids de ton corps. Ta main accompagne le mouvement du balancier, pour maintenir l'allure. Mais pour la réduire, elle résiste, tends les rênes. En même temps, cesse de te porter en avant et penche-toi au contraire en arrière, pour charger l'arrière-main, la freiner.

Droite ou gauche ?

Lorsque le cheval galope, l'un de ses bipèdes latéraux (c'est-à-dire l'association d'un antérieur et d'un postérieur du même côté) prend de l'avance sur l'autre.
L'animal galope « à droite » ou « à gauche » pour régler son équilibre, en tournant d'un côté ou de l'autre. Le cavalier n'a guère le moyen de voir si sa monture galope à droite ou à gauche. Mais avec plus ou moins de pratique, d'entraînement, il arrive à le sentir. Cela demande un peu de temps. Et on n'en passe jamais assez à cheval !

Le bipède latéral droit prend de l'avance sur le gauche : tu galopes à droite.

Le bipède latéral gauche prend de l'avance sur le droit : tu galopes à gauche.

La leçon de saut

La position à l'obstacle

Le saut d'obstacles est une discipline qui nécessite une position à cheval particulière. Le skieur de descente et le skieur de fond ne prenne pas la même position sur leurs « planches ». De même, pour bien sauter, le cavalier doit en prendre une très particulière.

Les jambes

Les jambes font office de ressort et amortissent les chocs de l'atterrissage.

Étrive plus court de 1 trou ou 2, pour fléchir un peu plus les genoux et les chevilles.*

Les phases du saut

Pour sauter des obstacles à cheval, il faut comprendre comment l'animal les passe, seul. Il fléchit les genoux et les jarrets pour ne pas toucher les barres et doit allonger la tête et l'encolure.

L'approche

L'appel

Le cheval se dirige vers l'obstacle et en évalue la hauteur. Instinctivement, il règle ses foulées pour prendre son appel à une distance égale à cette hauteur. Les dernières foulées sont effectuées énergiquement. L'animal se prépare à sauter, en baissant l'encolure et en allongeant la tête.

Pour prendre son appel, le cheval fléchit les jarrets qui le propulsent comme 2 ressorts. Pour aider le mouvement, il lance son balancier vers le haut et retrousse ses antérieurs.

Le corps

Pour franchir un obstacle, maintiens ton cheval dans l'impulsion et prépare-toi à prendre la position efficace sur l'obstacle.

Pour sauter, penche-toi en avant, mais en gardant le dos droit et la tête levée. Tu dégages ainsi l'arrière-main du cheval. Comme tu es penché en avant et que tu dois pouvoir rendre la main en restant au contact, tiens les rênes un peu plus courtes.

Pour ne pas tirer sur la bouche du cheval, tiens-toi au collier d'encolure lorsqu'il franchit l'obstacle.

Le planer

Pendant le planer, les postérieurs du cheval sont encore tendus, par la détente qu'ils viennent de fournir. Le corps de l'animal dessine une courbe au-dessus de l'obstacle.

La réception

Le cheval se reçoit sur un antérieur, puis l'autre. Il redresse alors son encolure.

L'atterrissage

Les postérieurs se posent immédiatement en arrière des antérieurs. Dans son élan, le cheval entame sa prochaine foulée.

Le cavalier et le saut

Toute la technique du saut, avec un cheval habitué à passer des obstacles, se résume en 3 points :
- maintenir l'animal actif en serrant de plus en plus les jambes au cours de l'approche ;
- le guider sans le gêner, en gardant bien ton équilibre ;
- lui laisser toute sa liberté d'encolure, depuis l'appel jusqu'à la réception.

1 L'approche : guide le cheval vers le milieu de l'obstacle. Tes mains sont basses sur l'encolure et gentiment au contact.

2 L'appel : le cheval a choisi son point d'appel. Il s'élance. Tu es projeté vers l'avant. Tu t'élèves au-dessus de la selle. Supporte-toi par tes cuisses, tes genoux et en t'appuyant sur tes talons. Tes mains accompagnent le mouvement du balancier pour lui permettre de s'allonger librement.

Erreurs à ne pas commettre

- *Te faire surprendre et te cramponner aux rênes ;*
- *Te lever debout sur les étriers ;*
- *Te contracter et te laisser glisser en arrière.*

3 Le planer : le cheval vole ! Garde bien le poids de ton corps sur tes talons, en restant penché en avant. Tes mains suivent l'allongement de l'encolure du cheval, dont les mouvements doivent demeurer libres.

4 La réception : reprends contact avec la selle. Amortis le choc, grâce aux « ressorts » de tes genoux et de tes talons.

Erreur à ne pas commettre

Laisser tes jambes partir vers l'arrière, en appuyant tes mains sur l'encolure.

5 L'atterrissage : retrouve la position habituelle pour sauter et reprends un bon contact avec la bouche du cheval. Sauter à cheval est impressionnant ? Non ! Passionnant, lorsqu'on sait ! Et il est des moyens d'apprendre progressivement.

Entraînement

Position de saut à toutes les allures

Commence par t'exercer à passer de la position habituelle (tronc vertical), à la position de saut. À l'arrêt, c'est facile. Au pas aussi. Mais au trot ça l'est un peu moins. Une fois habitué à te pencher en avant et à te redresser au trot, exerce-toi à le faire au galop.

Après l'avoir passé au trot, tu abordes le cavaletti au galop.

Barres au sol

Ensuite, trotte au-dessus de barres posées au sol, assez loin les unes des autres. Quelques foulées avant chaque barre, prends la position de saut. 1 ou 2 foulées après la barre, reprends la position habituelle.
Étape suivante : trotte sur une série de barres placées à terre, écartées de telle sorte que le cheval en passe une à chaque foulée. Un peu avant d'arriver sur les barres, prends la position de saut. Le cheval a des foulées marquées, précises. Tu ne dois pas gêner son encolure. Si tu perds l'équilibre, ne te raccroche pas aux rênes, mais au collier d'encolure.

Prends la position en suspension quand ta monture franchit les barres.

Les mains en l'air !

Pour t'entraîner à sauter sans t'accrocher aux rênes, passe une barre sans les tenir. Mets-toi en suspension et écarte les bras. Sans les mains tu peux difficilement diriger ta monture. Prends la précaution de placer une barre qui va de l'obstacle au sol, perpendiculairement à l'obstacle, pour éviter que le cheval ne se dérobe.

Les cavalettis

Tu peux ensuite passer à ton premier vrai saut. Aborde l'obstacle au trot, en guidant le cheval vers son milieu. Un cavaletti n'est pas bien haut mais le cheval préfère le sauter, plutôt que de l'enjamber.

Lorsque tu as de l'assurance pour sauter au trot, commence à le faire au galop. Un galop calme. Laisse le cheval décider de son saut. Évite à tout prix de le gêner. Il saute. Et tu t'aperçois que demeurer en place est aussi facile qu'au trot.

Les premiers sauts peuvent être réalisés avec un collier d'encolure. Si le cavalier est déséquilibré, il peut s'y retenir, ce qui lui évite de tirer sur la bouche du cheval.

Tu peux également franchir des obstacles avec les étriers déchaussés. Remonte-les et croise-les sur le devant de la selle pour éviter qu'ils ne gênent.

Pour améliorer ton assiette, entraîne-toi à sauter sans étriers et en lâchant les rênes au moment de sauter. Cela t'habitue à ne pas compter sur des points d'appui et t'oblige à développer ton équilibre.*

Obstacles combinés

Lorsque tu te sens vraiment à l'aise sur ce petit obstacle, tu peux t'attaquer à un double. Place un autre cavaletti à quelques battues* du premier. Puis pour augmenter un peu la difficulté, rapproche les cavalettis à 2 foulées l'un de l'autre.

Tu n'as pas eu de problème ? Alors, rapproche les 2 obstacles, à une seule foulée l'un de l'autre. Lorsque tu sautes le second, tu fais faire un « saut de puce » au cheval : il s'enlève de pied ferme, sans élan.

1 Aborde le premier obstacle calmement en son milieu.

2 Entre les 2 cavalettis, reprends un instant la position normale. Pourquoi ? Simplement pour t'habituer à changer d'équilibre.

3 Ne laisse pas le cheval accélérer entre les obstacles.

4 Pour aborder le second obstacle, reprends la position en équilibre.

Une infinité de combinaisons

- 3 cavalettis à 1 foulée les uns des autres ;
- 5 cavalettis à 1 foulée les uns des autres ;
- 2 cavalettis à 2 foulées + 3 à 1 foulée ;
- 1 + 2 formant 1 large à 2 foulées ;
- 2 larges à 2 foulées ;
- 2 cavalettis à 1 foulée + 2 à 2 foulées ;
- 1 obstacle en croix légèrement plus haut.

Les bonds du cheval varient en fonction de la largeur et de la hauteur des obstacles. Pour certains, il lui faut peu d'élan, pour d'autres beaucoup plus. La vitesse à laquelle il aborde les uns ou les autres conditionne la puissance de ses sauts. Mais il ne sait pas toujours évaluer celle qui lui est nécessaire, sur une série d'obstacles rapprochés. C'est donc au cavalier de régler sa vitesse. Comment apprendre à le faire ? En s'entraînant, en acquérant avec l'expérience, le tact qui fait les grands cavaliers. Ce n'est qu'une question de temps. Et d'envie !

Le cross*

C'est un parcours en tout-terrain, de 5 à 8 km de long. Des obstacles y sont placés à intervalles irréguliers. Ils sont fixes et souvent « gros ».

En concours de saut d'obstacles, les chevaux passent principalement des barres. S'ils en touchent une, elle tombe. Ils risquent donc peu de se blesser. Sur un cross*, c'est différent. Aussi les bons chevaux de cross* sont-ils rares.

Pour franchir un obstacle fixe, il faut plus que jamais contrôler l'impulsion, la vitesse et la longueur des foulées.

Les gros obstacles

Il existe 4 types d'obstacles, utilisés pour les concours de saut :

- les « droits » ou obstacles verticaux ;
- les « larges » ou obstacles en largeur ;
- les obstacles « de volée », constitués de plusieurs éléments s'élevant progressivement ;
- les rivières.

Les parcours d'obstacles sont conçus pour tester les qualités du cheval et du cavalier qui doivent former un couple pour réussir.

Ici un cavalier confirmé en train de franchir un obstacle lors d'un concours.

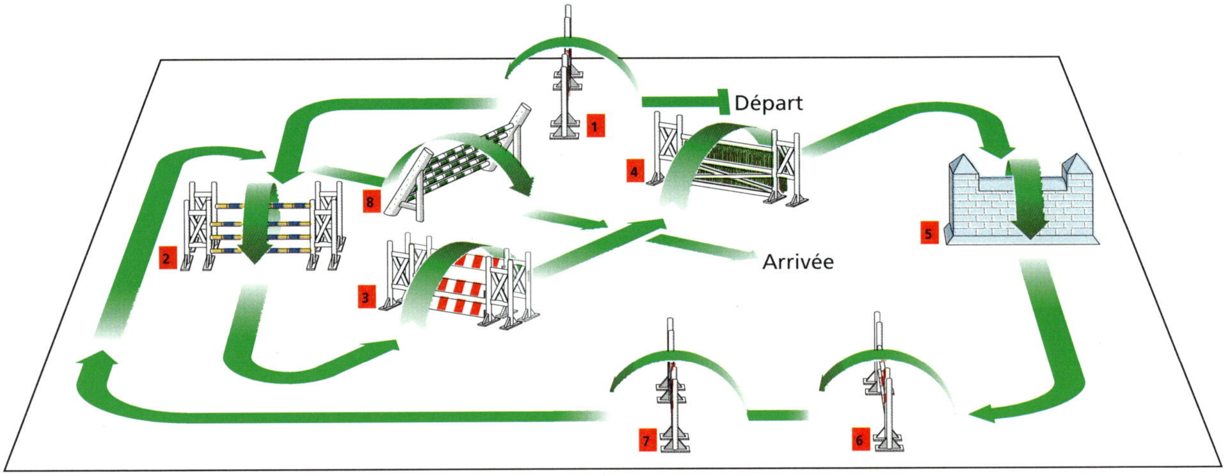

Sur un parcours d'obstacles, le cavalier doit franchir une série d'obstacles différents dans un ordre précis. Il doit calculer les distances entre les obstacles combinés. Il faut également déterminer à l'avance le rythme et l'allure auxquels il effectuera le parcours, pour calculer le nombre de foulées entre chaque élément.

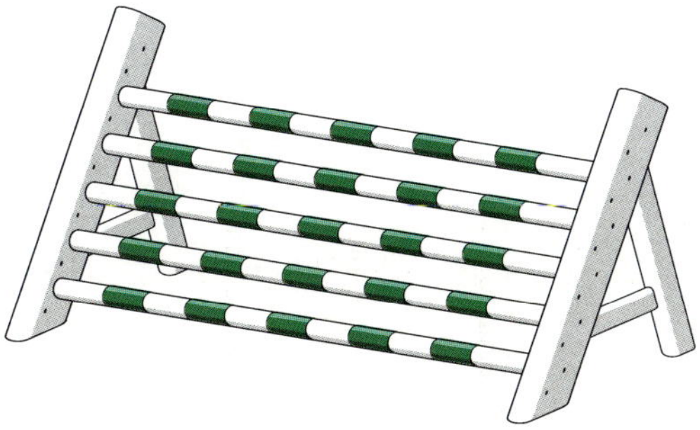

Barres de spa

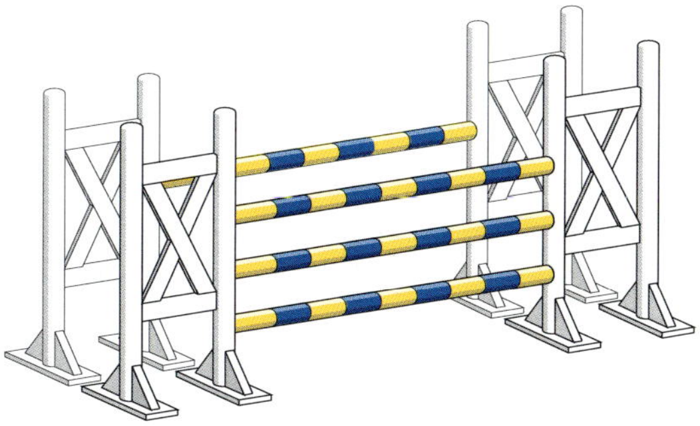

Oxer au carré

Large de palanques

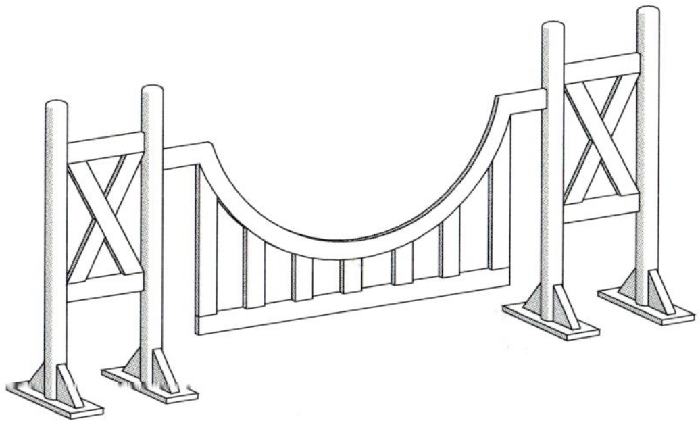

Tire-bottes

Haie barrée

Mur

Le manège et la carrière

Le manège est un bâtiment où l'on donne des leçons d'équitation et où l'on éduque les chevaux. Il permet aussi de monter à l'abri, en cas de pluie, ou lorsqu'il fait nuit, grâce à la lumière des projecteurs. Ses dimensions olympiques sont de 64 x 24 m. Il est le lieu où tu te perfectionnes. Tu y apprends à mieux contrôler un cheval, à le guider avec plus de précision et à lui faire exécuter divers mouvements et figures. Ce qui est toujours très utile, quelles que soient l'équitation et la discipline que tu préfères !

Le sol du manège est recouvert de sable ou de sciure. La partie inférieure de ses murs est munie d'un plan incliné, le « pare-bottes », permettant aux cavaliers de ne pas se faire coincer une jambe.

Dans la carrière comme dans le manège, des lettres (A F B M C H E K, dans cet ordre) servent de repères aux cavaliers, pour exécuter des figures.

La carrière est un manège de plein air.

La reprise

C'est la leçon donnée à un groupe de cavaliers, dans le manège. L'un derrière l'autre ils exécutent, ensemble ou individuellement, les exercices et figures demandés par l'instructeur.

En reprise, la distance de sécurité entre 2 cavaliers équivaut à la longueur d'1 cheval.

Précaution importante : ne serre pas de trop près le cavalier qui te précède car ton cheval pourrait marcher sur un des postérieurs de sa monture... ou le sien pourrait botter*. Pour garder la distance de sécurité entre chaque monture, tu dois sans cesse accélérer ou freiner légèrement ton cheval.

Pour obliger sa monture à faire les coins, la cavalière le fait passer derrière le plot.

« Faire les coins » : pour tourner dans un angle du manège, le cheval cherche toujours à couper au plus court. Si tu le laisses faire, il peut finir par se déplacer autour d'un ovale (alors que le manège est rectangulaire !). Mais il comprend surtout qu'il peut faire ce qu'il veut. Or c'est toi qui dois commander ! Aussi te faut-il l'obliger à « faire les coins », à tourner bien dans les angles.

Les exercices : en début de reprise, le moniteur demande d'exécuter quelques assouplissements, d'aller au trot enlevé ou assis, d'allonger le trot, de galoper, etc. C'est l'échauffement et la détente. Ensuite, il demande aux cavaliers d'effectuer différentes figures.

La moitié des cavaliers travaillent à main droite sur la piste extérieure, l'autre moitié est à main gauche sur la piste intérieure. Les 2 groupes tournent en sens inverse.

Les figures

Elles ont l'air simples, mais sont parfois difficiles à exécuter : elles demandent beaucoup de précision, quant à la conduite du cheval. On peut en imaginer une infinité. Voici les principales.

Changement de main

De temps en temps, le moniteur demande de « changer de main », pour que les chevaux ne travaillent pas toujours sur le même diagonal. Les cavaliers coupent alors le manège en diagonale à partir du début d'un grand côté et repartent en sens inverse.

Doubler dans la largeur

Quitte la piste sur un de ses grands côtés. Traverse le manège tout droit, pour rejoindre l'autre côté et reprends la piste soit à la même main (dans le même sens), soit en changeant de main.

Doubler dans la longueur

Double en quittant un des petits côtés. Lorsque tu as traversé le manège, reprends la piste à la même main ou en changeant de main, selon les directives du moniteur.

Diagonale

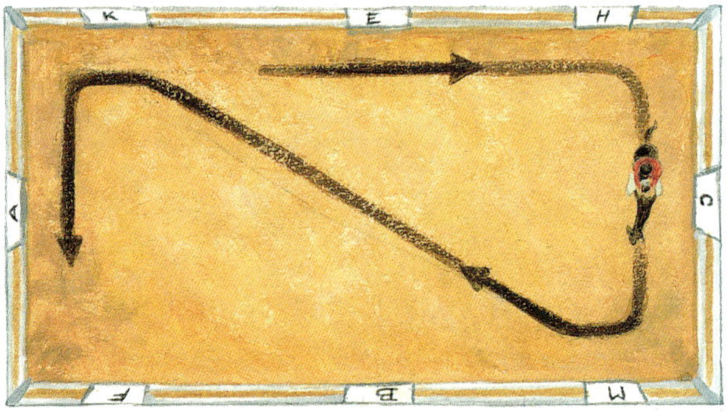

Quitte la piste au début d'un grand côté. Traverse le manège dans la diagonale et reprends la piste à l'autre main (en sens inverse).

Cercle

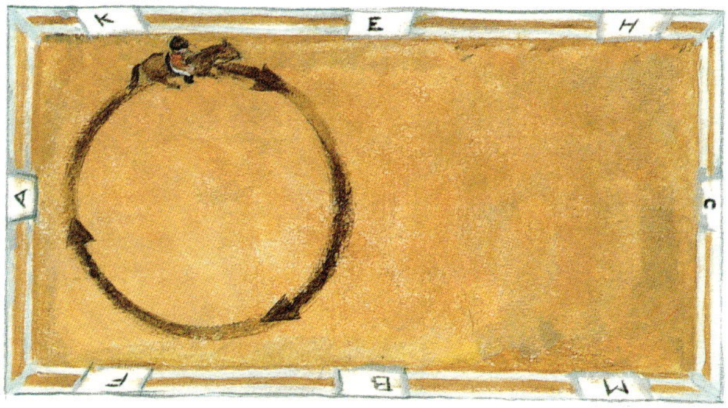

Le cercle est généralement exécuté à une extrémité du manège. Son diamètre correspond à la largeur.

Volte

Pour faire une volte, quitte la piste, effectue un cercle et reprends la piste dans le même sens, exactement où tu l'as quittée.

Le huit de chiffre

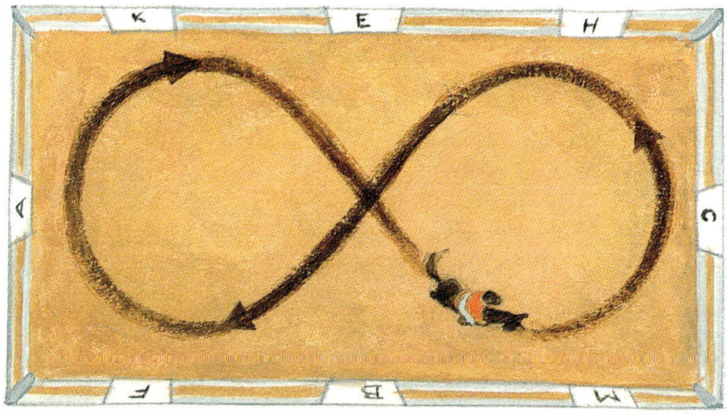

C'est un huit ! Tu le « dessines » habituellement dans la largeur du manège. Si un jour tu éduques de jeunes chevaux, cette figure te sera très utile.`

Demi-volte

Au début, c'est une volte. Mais tu rejoins la piste en oblique, à la main inverse.

La serpentine

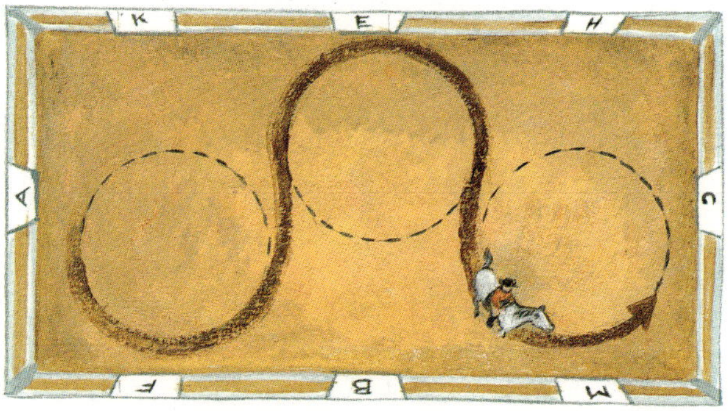

C'est une ligne sinueuse, aux boucles régulières, qui te fait aller d'un bout à l'autre du manège.

Demi-volte renversée

C'est la figure inverse de la demi-volte ! Exécute d'abord une oblique, suivie d'un demi-cercle qui te ramène sur la piste, en sens inverse.

Le retour à l'écurie

Quelle que soit la leçon que tu viens de recevoir, tu pourrais penser qu'elle est terminée lorsque l'instructeur l'annonce. Mais ce serait une erreur ! En mettant pied à terre, une femme ou un homme de cheval responsable doit se soucier du bien-être de sa monture.

Mets pied à terre dans le manège ou immédiatement après en être sorti. Remonte tes étriers et récompense le compagnon (caresses, carottes, sucres, etc.). Dessangle, pour que la selle masse le dos du cheval sur le chemin du retour au box. Si l'animal est trop mouillé, fais-le marcher un peu pour qu'il sèche sans se refroidir.

Ôte la selle et range-la soigneusement à sa place. Si le cheval est encore mouillé à l'emplacement de la selle, bouchonne-le avec quelques poignées de paille propre, pour le sécher. Avant de ranger la bride, n'oublie pas de passer le mors sous le robinet.

1 *Pour remonter l'étrier, fais le glisser sur l'étrivière*...*

2 *... de bas en haut jusqu'au porte-étrivière.*

Copains, copains !

Il te reste encore à « faire le tour » du cheval, à contrôler que, depuis que tu l'as pansé, il est demeuré indemne de bobos et de blessures. Examine particulièrement le passage de sangle* et l'emplacement de la selle. Dernier détail : lève les pieds pour t'assurer qu'aucun corps étranger ne s'y est coincé. Tout va bien ? Tu n'as plus qu'à rentrer ton copain dans son box et à lui donner une dernière caresse.

3 *Passe ensuite l'extrémité de l'étrivière* à l'intérieur de l'étrier.*

4 *Puis tire sur l'étrivière*.*

5 *L'étrier se trouve ainsi coincé et ne peut plus glisser.*

6 *Dessangle du côté gauche.*

7 *Près du box, boucle le licol autour de l'encolure, afin d'attacher ton cheval, même sommairement.*

8 *Déboucle et enlève la bride. Puis attache le licol correctement à sa place.*

La leçon d'hippologie

On enseigne l'hippologie dans la plupart des poney-clubs et des centres équestres, au cours de leçons longues ou brèves.
Qu'est-ce que l'hippologie ? L'étude du cheval. La matière est vaste puisqu'elle comprend l'appareil locomoteur du cheval (squelette, muscles, etc.), ses grandes fonctions (digestion, etc.), son extérieur (régions, allures, robes, âge, pieds, etc.) mais aussi son alimentation, les soins à lui donner, le harnachement, la ferrure. Plus une quantité d'autres sujets.
Il est passionnant d'apprendre à mieux connaître le compagnon avec lequel on se donne du bon temps. Voilà pourquoi l'hippologie est une matière plaisante !

L'extérieur du cheval

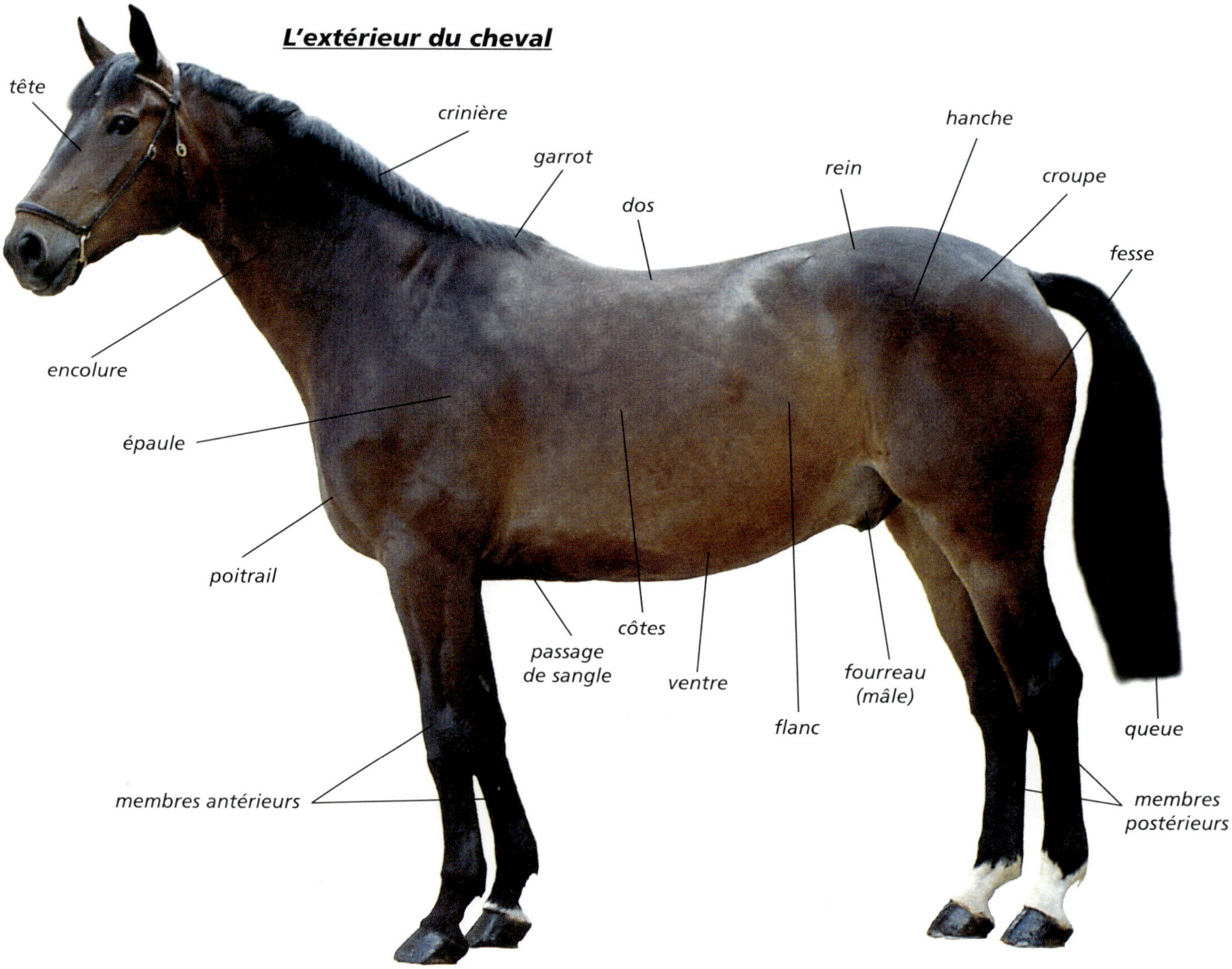

La tête

Les antérieurs

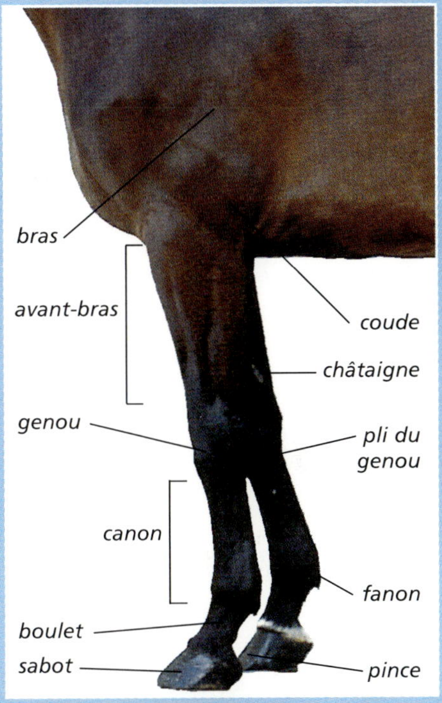

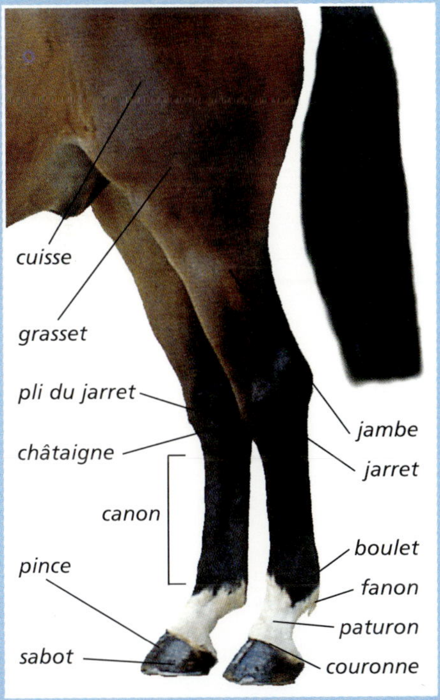

Les postérieurs

Les robes

Robes simples *(poils et crins de la même couleur)*

Robes composées *(crins et extrémités noirs)*

Particularités des robes

Marques en tête

Balzanes*

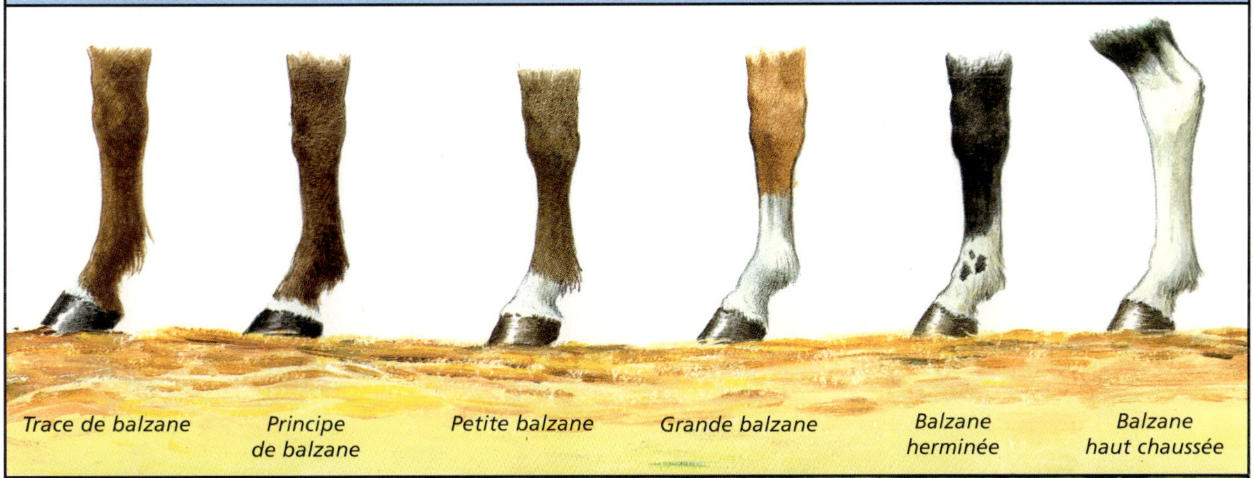

De l'entraînement à la compétition

On peut apprendre à monter à cheval, comme on étudie la musique. Mais contrôler une monture revient à ne connaître que le solfège. Encore faut-il apprendre à jouer d'un instrument, comme on peut apprendre à faire mille choses à cheval. Quand on est assez adroit, on peut participer à des jeux équestres ou à des défilés. On fait alors partie d'un « orchestre » ! Et, dans chaque orchestre, comme dans chaque équipe à cheval, il y a de grands artistes, de grands cavaliers ! Tu aimerais devenir un de ces super cavaliers ou encore moniteur ? C'est possible si tu travailles beaucoup en selle, et si tu te mets sans cesse à la place du cheval. Il te reste à choisir la discipline que tu préfères.

Fédération et Délégations

La Fédération française d'équitation

La Fédération française des sports équestres est créée en 1921. En 1963, la Délégation nationale au tourisme équestre se constitue. Elle a d'autres objectifs et s'oriente vers le loisir de plein air.

En 1971, le Poney-Club de France fait son apparition.

Le monde équestre est alors divisé, jusqu'en 1985 où toutes les volontés se rassemblent pour fonder la Fédération française d'équitation (FFE). Celle-ci représente aujourd'hui le 6e sport français avec un peu plus de 300 000 licenciés. Il faut savoir aussi qu'environ la moitié des cavaliers français ne sont pas licenciés, mais que la licence est obligatoire pour passer les examens.

La FFE gère l'ensemble des activités équestres et représente les différentes délégations auprès des ministères et des diverses organisations étrangères.

La Fédération française d'équitation se compose de 3 organismes :

- **la Délégation nationale aux sports équestres (DNSE) ;**
- **la Délégation nationale au tourisme équestre (DNTE) ;**
- **la Délégation nationale à l'équitation sur poney (DNEP).**

Chaque délégation délivre ses propres diplômes.

La Délégation nationale aux sports équestres (DNSE)

C'est elle qui organise et développe la pratique des sports équestres en France. Elle s'occupe de l'aide aux clubs, de la formation et des compétitions. En 1994, elle compte un peu plus de 200 000 licenciés. Parmi eux, moins de 15 % possèdent une licence de compétition et participent donc à des épreuves officielles. La plupart pratiquent l'équitation comme loisir.

La Délégation nationale au tourisme équestre (DNTE)

En 1963, quelques passionnés qui souhaitaient que le cheval prenne sa place dans la « civilisation des loisirs » fondèrent la Délégation nationale au tourisme équestre. Ils voulaient ramener le cheval dans la vie quotidienne, en faire un compagnon accessible au plus grand nombre. En 1980, la Délégation crée la licence de tourisme équestre.
La DNTE compte aujourd'hui environ 29 000 adhérents.
Tous les ans, la DNTE organise un grand rallye international, l'Équirando.

La Délégation nationale à l'équitation sur poney (DNEP)

Elle fut fondée en 1971 sous le nom de Poney-Club de France. Lors de son entrée à la Fédération française d'équitation elle prit le nom de Délégation nationale à l'équitation sur poney. Elle compte aujourd'hui 950 poney-clubs et regroupe environ 150 000 pratiquants dont 75 000 sont licenciés. Chaque année, la DNEP organise un championnat de France au mois de juillet. Cette manifestation équestre, la plus importante en Europe, réunit 1 500 poneys et 2 500 concurrents. La DNEP participe également à l'Équirando, grand rassemblement annuel des cavaliers randonneurs.

Les examens équestres

Les galops

Chaque galop comporte 3 épreuves :

● **La pratique autour du cheval** (pratique à pied)

Il s'agit de savoir soigner sa monture, utiliser et entretenir le matériel nécessaire pour monter.

● **La pratique équestre** (pratique à cheval)

L'épreuve consiste à effectuer un certain nombre d'exercices à cheval.

● **Les connaissances spécifiques** (théorie)

Le cavalier doit répondre à des questions portant sur la technique. Il lui faut expliquer comment et pourquoi on agit de telle ou telle manière pour obtenir un résultat donné.

Tu penses monter à cheval de mieux en mieux ? Tu estimes commencer à bien connaître les chevaux, leur psychologie, leur anatomie, leurs besoins, les soins qui leur sont nécessaires ? C'est peut-être vrai. Mais il est bon de contrôler tes connaissances, en passant les examens de la Fédération française d'équitation. Chaque fois que tu réussis, tu obtiens un diplôme.

Les diplômes de la Délégation nationale aux sports équestres ont pour nom les « galops ». Il y en a 9 ! Le premier est facile à obtenir, mais le dernier requiert un excellent niveau.

Les 6 premiers galops ont des bases communes, après quoi le cavalier se spécialise en choisissant la filière de son choix : connaissances générales, dressage, cross, saut d'obstacles, attelage, voltige* et amazone.

Le cavalier peut se procurer (en l'achetant auprès de son club) un passeport qui est constitué de fiches détaillant le contenu et les objectifs de chaque étape de formation, ainsi qu'un carnet de validation sur lequel sont enregistrés les galops obtenus.

Il peut également acquérir un insigne du galop qu'il a passé.

Comme cette jeune cavalière, tu peux toi aussi évaluer ton niveau en passant les examens.

Les compétitions

Elles sont un autre moyen de contrôler sa valeur de cavalier, en se mesurant à d'autres. Et elles sont nombreuses !

Pour participer aux compétitions officielles, les chevaux doivent avoir un certificat d'origine, qui est délivré au propriétaire lorsque le cheval est inscrit au *studbook* de sa race, registre sur lequel figurent les chevaux reconnus de race pure.
Les compétitions officielles ne sont pas ouvertes aux enfants de moins de 12 ans car, pour y participer, il faut être titulaire du 7e galop, examen que l'on ne peut pas passer avant cet âge.

Toutefois, un grand nombre de concours amateurs sont organisés, auxquels peuvent participer des chevaux sans papiers et des cavaliers de tous âges. Pour ces compétitions non officielles, la licence n'est pas obligatoire. Elle est cependant vivement conseillée pour des questions d'assurance.

Les compétitions officielles

- **Disciplines olympiques**
  - Le dressage*
  - Le concours de saut d'obstacles (CSO)
  - Le concours complet d'équitation (CEE)
- **Autres disciplines**
  - Le raid* d'endurance
  - Le TREC
  - L'équitation américaine
  - Le horse-ball*
  - La voltige*

Dominique d'Esmé lors d'une épreuve de dressage.*

Michel Billard en train de franchir un obstacle sur un parcours de cross.*

Un match de horse-ball.*

Une excellente assiette*

En dressage*, l'assiette* est très importante, d'autant plus que le cavalier est jugé sur la qualité de celle-ci. Il devra faire preuve de décontraction, de souplesse, de fixité, d'équilibre et de liant.

Le dressage*

Ce mot a des sens très différents. Dans la discipline portant ce nom, le cavalier doit montrer l'entente qui règne entre lui et sa monture. Tous deux doivent faire preuve d'aisance et de précision. Pour participer à une épreuve officielle, le cheval doit avoir un certificat d'origine et le cavalier être licencié à la FFE.

Les épreuves consistent en reprises individuelles, comparées et notées par un jury. Elles se déroulent dans un temps déterminé, sur un terrain de 60 x 20 m, jalonné de lettres, comme un manège. Elles sont numérotées de 1 à 7 par ordre croissant de difficultés. Les reprises de 1 à 3 sont principalement de basse école. La haute école commence avec la reprise numéro 4, appelée « Prix du colonel Chiappini ». La reprise numéro 5 est le « Prix Saint-Georges ». La 6e est le « Grand Prix du général Decarpentry ». La 7e, « Grand Prix du dressage », est aussi la reprise olympique.

Le jury note en fonction de la franchise, de la régularité des allures, de l'harmonie, de la légèreté et de l'élégance du couple cheval-cavalier, de la bonne utilisation des aides (accord des aides, à propos, dosage et régulation). Le vainqueur est, bien sûr, celui qui obtient le plus grand nombre de points.

La monte en amazone

Les amazones montent à cheval sur une selle « à fourches », les 2 jambes du côté gauche de leur monture. Elles tiennent du côté droit une longue cravache dont l'action remplace celle de la jambe droite. Elles peuvent participer aux concours de dressage* et de saut d'obstacles dans certaines catégories.
Lors de manifestations publiques, des amazones réalisent des carrousels. L'élégance de leur silhouette est renforcée par la longue jupe d'amazone dont la coupe est étudiée pour permettre l'aisance à cheval.

Le raid* d'endurance

Il consiste à couvrir une longue distance avec le même cheval. Selon les pays, les règlements diffèrent. En France, on distingue 4 types d'épreuves, aux difficultés progressives. Elles sont organisées par le CNRE (Comité national des raids d'endurance) :

- Les **QUALIFICATIVES** se courent sur 20 à 40 km, à vitesse imposée (10 à 13 km/h) ;
- Les **RÉGIONALES** se courent sur 40 à 60 km, à vitesse imposée (12 à 15 km/h) ;
- Les **PRÉNATIONALES** se courent sur 90 à 110 km, à vitesse imposée (12 à 16 km/h) ;
- Les **NATIONALES** se courent sur 130 km ou plus, à vitesse libre, parfois sur 2 jours.

Pour concourir à une épreuve, le cheval et le cavalier doivent avoir déjà participé à une épreuve du niveau inférieur.

Aucun cheval ne peut être engagé avant l'âge de 4 ans. Les épreuves les plus longues ne lui sont ouvertes qu'à partir de 7 ans. Il doit être muni de documents d'origine ou d'une fiche d'identification, du modèle de la FFE.

L'endurance s'adresse aux cavaliers de tous âges. Cependant, en raid, il est généralement imposé aux plus jeunes de suivre un adulte expérimenté. Chaque concurrent doit être membre d'une délégation de la fédération (DNTE, DNEP ou DNSE) et en avoir la carte pour des questions d'assurance. Il doit aussi posséder la carte de qualification en endurance, délivrée par le CNRE, sur laquelle sont portés ses résultats et ses qualifications.

À l'arrivée d'un raid* d'endurance, les concurrents sont départagés par le chronomètre, mais aussi par l'état de leur cheval ; car l'animal ne doit pas souffrir d'une épreuve.

Limites ?

L'endurance est une pratique sportive de compétition qui a pour objet de faire découvrir aux cavaliers, sur de longues distances et en temps chronométré, les étonnantes possibilités du cheval et ses limites, sans mettre en danger sa santé.

Contrôle vétérinaire

Le vétérinaire est présent partout au cours d'un raid*, particulièrement aux haltes de contrôle obligatoires. Il peut arrêter, évincer de la course, tout cheval dont il juge la santé mise en danger. Pour juger de l'état de l'animal, il se base surtout sur ses rythmes cardiaque et respiratoire.

2 types d'épreuves

- celles où la seule difficulté est de franchir les obstacles (en temps libre) ;
- celles qui sont chronométrées.

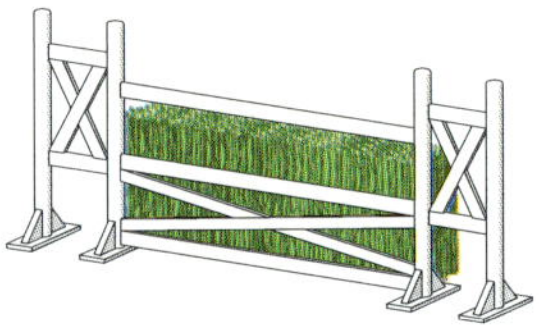

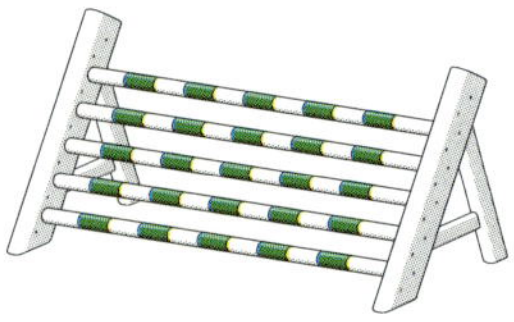

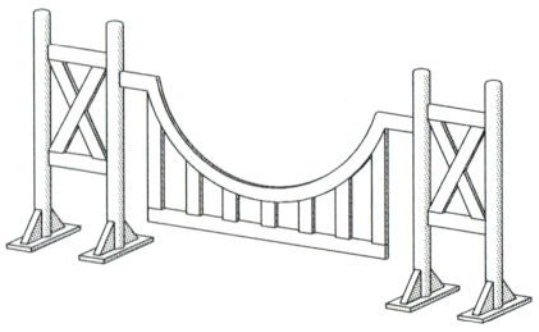

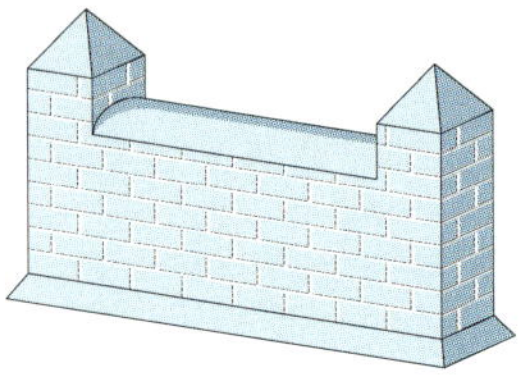

Le concours de saut d'obstacles (CSO)

Pour participer aux épreuves officielles, le cheval doit avoir un certificat d'origine et le cavalier une licence de la FFE.

Sur un parcours, il s'agit de sauter une série d'obstacles à barres mobiles, dans un ordre précis. Faire tomber une barre est une faute qui entraîne une pénalisation.

À côté de ces concours ordinaires, qui se déroulent sur une carrière, il existe d'autres types d'épreuves de saut.

- Sur **les parcours de puissance,** le cheval doit sauter 6 à 8 gros obstacles, d'une hauteur minimale de 1,40 m.
- Sur **les parcours de chasse,** au tracé sinueux et compliqué, les fautes sont pénalisées en secondes, qui s'ajoutent au temps réalisé par le concurrent pour effectuer son parcours. Le vainqueur est celui qui totalise le temps le plus court.
- **Les parcours à l'américaine** comportent des obstacles moyens et sont chronométrés. Le concurrent ayant fait une faute doit quitter le terrain. Le classement est établi avec un système de points.
- **Les parcours 6 barres** s'effectuent en temps libre. 6 obstacles sont placés en ligne droite, à environ 11 m les uns des autres. Les concurrents les sautent une fois. Ne participent au deuxième tour, que ceux n'ayant encouru aucune pénalité. On continue de la sorte jusqu'à ce que le vainqueur ait éliminé tous les autres concurrents.
- **Les épreuves relais** se disputent par équipes. Dès qu'un cavalier a commis une faute, il passe le relais à un coéquipier.

Le concours complet d'équitation (CEE)

Pour y participer, les chevaux doivent avoir un certificat d'origine et les cavaliers leur licence de la FFE. Chaque concurrent dispute toutes les épreuves avec le même cheval.
Le troisième, mais surtout le deuxième jour, sont éprouvants pour les chevaux. Aussi, comme en raid* d'endurance, les vétérinaires les surveillent constamment.

Le TREC (techniques de randonnée équestre de compétition)

Il est destiné à mettre en évidence les qualités du cheval et du cavalier, confrontés aux difficultés de la randonnée. Se déroulant sur plusieurs jours, il compte 4 épreuves notées sur un total de 500 points :

- **Le parcours d'orientation et de régularité (POR)** : sur un itinéraire de 40 à 60 km, les cavaliers doivent se diriger à l'aide d'une carte et d'une boussole.
- **Le parcours du cavalier et du cheval de randonnée (PCCR)** est long de 5 km, à couvrir à 12 km/h environ. Il est jalonné de 16 difficultés qu'on rencontre ordinairement en randonnée (fossé, contre-haut, contrebas, etc.).
- **Le test de maîtrise des allures** est destiné à montrer que le cavalier peut faire aller son cheval rapidement au pas (150 m) et calmement au galop (200 m).
- **L'épreuve de présentation du couple cheval-cavalier** consiste, pour le cavalier, à décrire son équipement et à expliquer les raisons de ses choix.

Le concours complet

Il comporte 3 épreuves distinctes, qui s'étalent sur 3 jours :
1 épreuve de dressage*,
1 épreuve de fond et
1 épreuve de saut d'obstacles.

- **L'épreuve de dressage*** exige un niveau moins élevé que celui d'une reprise académique. Les concurrents doivent exécuter, de mémoire, 19 figures.
- **L'épreuve de fond** comporte 4 phases : un 1er parcours routier (sur des chemins), le steeple, un second parcours routier et un cross*.
- **L'épreuve de saut d'obstacles** est ordinaire, mais difficile pour les chevaux qui ont fourni des efforts intenses la veille.

Le TREC

Il est ouvert à tous les cavaliers titulaires d'une licence de la FFE et à tous les chevaux identifiés, âgés d'au moins 5 ans.

Jeux ?

Bien que très sérieuses, ces épreuves ont souvent l'air de jeux. Le *pole bending* est un parcours en zigzag, entre 6 poteaux, qui se court contre la montre. Dans le *trail riding,* il s'agit de faire passer un pont de bois au cheval, ou de le faire reculer entre les obstacles.

L'équitation américaine

Elle comporte 6 catégories d'épreuves qui sont divisées en 3 types principaux :

- celles où ne sont jugés que les chevaux, présentés en main ou montés ;
- celles où seule l'habileté du cavalier est jugée, monté ou à pied ;
- celles où sont jugées les performances du couple cheval-cavalier.

L'équitation américaine

2 championnats distincts sont mis sur pied, l'un par l'AFQH (Association française du quarter-horse) l'autre par l'APHCF (Appaloosa-horse-club français). Cependant, des épreuves sont ouvertes à toutes les races. Pour certaines de ces épreuves, des harnachements et des embouchures précis sont imposés. Pour d'autres, les chevaux ne peuvent être engagés qu'à un âge donné par des cavaliers en tenue de cow-boy.

Le horse-ball*

C'est un sport équestre de balle qui tient à la fois du basket, du rugby et de la voltige*. Ce sport collectif est souvent très spectaculaire. Il se joue entre 2 équipes de 4 cavaliers qui doivent, sans jamais descendre de cheval, ramasser à terre, ou attraper un ballon muni de 6 anses en cuir. Par un jeu de passes, d'attaques et de défenses, les joueurs doivent envoyer la balle dans les buts adverses.

La voltige*

Les exercices demandés en compétition sont basés sur l'harmonie avec le rythme du cheval, l'équilibre, le liant et la coordination des gestes. Les prestations ont un caractère artistique : le cavalier est costumé et évolue en musique. Les chevaux doivent être bien dressés, endurants et musclés. Ils sont entraînés par un longeur à qui il faut beaucoup de pratique et de connaissance du cheval.

Devenir moniteur d'équitation

Dans les centres équestres, le moniteur est chargé d'enseigner l'équitation. Il s'adresse généralement à des cavaliers regroupés par niveaux, en leçons, mais peut aussi donner des cours particuliers.

Il apprend à monter aux débutants et entraîne les cavaliers confirmés, qu'il prépare aux compétitions si telle est la vocation du club. Les leçons qu'il donne peuvent être des cours d'entretien et de perfectionnement ou de préparation aux examens.

Son enseignement ne se limite pas aux techniques de la monte, car le cavalier doit aussi être capable de préparer son cheval. Le moniteur explique donc aussi comment panser, seller et brider sa monture.

Enfin, son enseignement est à la fois pratique et théorique. Les leçons pratiques se déroulent le plus souvent en carrière ou en manège, mais le moniteur peut également accompagner ses cavaliers en promenade.

En dehors de l'enseignement à proprement parler, le moniteur reprend, c'est-à-dire corrige par le dressage, les chevaux auxquels les débutants ont inculqué de mauvaises habitudes.

Comment devenir moniteur ?

Pour enseigner l'équitation, il faut être titulaire du brevet d'État d'éducateur sportif (BEES). Celui-ci comporte 3 degrés : moniteur, instructeur et professeur. Les candidats au brevet doivent avoir au moins 18 ans, posséder le 7e galop depuis 1 an minimum et passer un test probatoire. À l'issue de ce test, ils pratiquent un stage dans un club agréé pour passer l'examen final qui porte sur la théorie et sur la pratique.

Debout au milieu de la carrière, le moniteur demande aux cavaliers de faire différents exercices. Il peut aussi monter à cheval pour faire une démonstration sur un geste précis.

3

Cavaliers célèbres

Comme tous les autres sports, l'équitation a ses célébrités. Qui sont les grands cavaliers ? Ce sont des hommes qui vivent au quotidien avec les chevaux et les observent attentivement, afin de bien connaître leurs réactions instinctives, seule façon de les maîtriser car la relation entre le cavalier et sa monture est essentielle. Ces grands cavaliers sont devenus illustres soit parce qu'ils ont accompli un exploit à cheval, soit parce qu'ils ont été les précurseurs d'une forme d'équitation, soit enfin parce qu'ils ont triomphé dans les compétitions internationales.

Cavaliers de toutes les équitations

Xénophon

Ce général grec vivait 400 ans av. J.-C. Il nous a laissé les deux premiers traités équestres de l'histoire : *Le Commandant de la cavalerie* et *Traité d'équitation,* encore lus aujourd'hui ! Xénophon avait une grande connaissance du cheval, mais surtout il l'aimait et le respectait.

Mahomet

Vers l'an 600, le prophète Mahomet est l'initiateur de la religion musulmane qui fait un devoir de bien soigner les chevaux. Dans le *Coran,* qui rapporte les paroles du prophète, on peut lire : « *Chaque grain d'orge donné au cheval est compté pour une bonne action.* »

Jeanne d'Arc

Tout le monde dit que Jeanne d'Arc a « bouté les Anglais hors de France », aux alentours de 1400. Mais pour y parvenir, il a fallu que cette bergère de 18 ans monte à cheval, alors qu'en son temps, seules les dames nobles apprenaient à le faire.

Montaigne

En 1580, Michel de Montaigne vient de publier *Les Essais*. Il a alors 47 ans, un grand âge à l'époque, et souffre de la gravelle, une méchante maladie de reins. Cependant, il se met à cheval pour un voyage qui va durer seize mois ! Il emporte deux exemplaires des *Essais,* l'un pour le roi, l'autre pour le pape.

La Guérinière

F. Robichon de la Guérinière est considéré comme le « père de l'équitation académique française ». Ayant parfaitement compris quel personnage est le cheval, il a énoncé des principes pour l'éduquer finement, rédigeant deux traités, *Éléments de cavalerie* et surtout *École de cavalerie*, considéré comme la « bible équestre ».

Baucher, d'Aure et le général l'Hotte

Voici trois grands cavaliers du XIXe siècle :
François Baucher pratiquait une équitation pleine de rigueur, cherchant *« la possession complète des forces du cheval »*. Il l'a expliqué dans *Méthode d'équitation.* Le vicomte d'Aure, lui, jugeait que l'équitation consiste à posséder le cheval, en l'aidant à développer ses aptitudes naturelles, ce qu'il explique dans *Traité d'équitation* et *Cours d'équitation.* Baucher stupéfiait lorsqu'il montait au manège. D'Aure était un fabuleux cavalier d'extérieur. Le général l'Hotte, élève de ces deux maîtres, est monté à cheval en suivant leurs directives. Il a écrit : *« Selon que l'on pratique l'équitation de campagne (d'extérieur) ou de manège, on donnera la préférence à la méthode de d'Aure ou à celle de Baucher ».* Ce qui revient à dire qu'il existe des équitations différentes.

Le général Marbot

Jean-Baptiste, baron de Marbot, était déjà simple hussard à l'âge de 17 ans ! C'était en 1799. Pendant quinze ans, il a participé à toutes les campagnes de Napoléon, sillonnant l'Europe en tous sens. À cheval, bien sûr ! À la bataille d'Eylau, un boulet atteint son chapeau. Sous le choc, il se trouve totalement paralysé et se croit perdu. Mais sa jument, Lisette, ne se sentant plus guidée, cherche à faire marche arrière. Et c'est en mordant férocement tous les ennemis qui se trouvent en travers de son chemin, qu'elle amène son cavalier loin du champ de bataille... Et le sauve !

Asseev

En1889, Mikhail Asseev, officier des dragons du tsar de Russie, décide d'aller le plus rapidement possible, de Lubny, en Ukraine, à Paris, avec deux juments non entraînées. Pourquoi deux montures ? Pour les faire alterner sous la selle. Au trente-troisième jour il arrive à Paris. Il a couvert 2 630 km, à la moyenne de 80 km par jour avec certaines étapes de 120 km !

Caprilli

Un peu avant 1900, les cavaliers sautaient en demeurant assis au fond de leur selle, penchés en arrière, méthode inefficace, car elle chargeait l'arrière main du cheval empêchant d'utiliser toute sa puissance. Federico Caprilli, officier instructeur de la cavalerie italienne, mit au point la méthode de monte à l'obstacle que nous connaissons. Alors que la moyenne des obstacles généralement franchis par les cavaliers était de 1,10 à 1,15 m, il faisait sauter 1,40 m à ses chevaux. À la suite d'un pari, il réussit même à battre le record du monde de saut en hauteur, en franchissant 2,08 m.

Le colonel Danloux

Un jour, Caprilli fit à Saumur une démonstration de sa manière de monter à l'obstacle, qui étonna fort nos écuyers. L'un d'eux, Danloux, comprit immédiatement l'efficacité de cette méthode qu'il adopta le premier en France, puis améliora avant de la faire connaître. Enfin, il inventa la selle qui porte son nom, spécialement conçue pour le saut d'obstacles. Devenu colonel, Danloux fut nommé écuyer en chef à Saumur.

Aimé F. Tschiffely

Ce Suisse, émigré en Argentine, a annoncé un jour de 1925, qu'il allait relier Buenos-Aires à New York, avec deux chevaux. En deux ans et demi de voyage, ils parcoururent 16 000 km, à travers les régions les plus inhospitalières du globe. Presque un siècle plus tard, ils sont encore connus de tous les Argentins.

Jean d'Orgeix

Le chevalier d'Orgeix ne fait pas les choses à moitié. Jeune acteur, il a connu le succès. Séduit par la voltige aérienne, il en est devenu un as. Guide de chasse en Afrique, il était un des meilleurs. Et lorsqu'il a décidé de se lancer dans la compétition équestre de saut d'obstacles, il a décroché la médaille de bronze, aux jeux Olympiques de Londres en 1948. Par la suite, Jean d'Orgeix a été entraîneur de l'équipe de France. Il a écrit *L'Équitation de saut d'obstacles.* Depuis, il s'est fait une spécialité de la mise en selle des jeunes. Il prend des stagiaires qui ne sont jamais montés à cheval et à raison de deux ou trois heures de selle par jour, il les amène à exécuter une reprise de basse école et un parcours d'obstacles, en un mois seulement !

Évelyne Coquet

Elle a été la première de l'époque moderne à se lancer dans de grands raids équestres. En 1973 elle a 20 ans et relie Paris à Jérusalem, en compagnie de sa sœur, Corinne, avec deux petits chevaux, Mickey et Pluto. En 1975, elle épouse Caddy. Pour leur voyage de noces, tous deux s'offrent une chevauchée, au cœur de l'Amazonie. En 1977, leur fils Philippe a 5 mois. Plaçant son berceau sur un poney highland, ils l'entraînent dans une randonnée, à travers les montagnes d'Écosse. En 1982, Philippe a 6 ans et une petite sœur de 4 ans, Marcelline. Leurs parents les emmènent en Afrique du Sud, sur la piste des Boers, avec des chevaux bien sûr ! Ce voyage de 4 000 km dure six mois. Six mois de bonheur !

Mario Luraschi

Il connaît parfaitement les chevaux et obtient d'eux ce qu'il veut. Monté, il les fait chuter au galop, sans se faire le moindre mal. Il parvient à chevaucher une monture en feu ! Il a réussi à exhiber des chevaux sur la tour Eiffel, en les y amenant par l'ascenseur ! Voilà pourquoi, quand un film comporte des cascades équestres, on fait appel à lui.
Il a notamment dirigé les chevaux et les cavaliers lors des tournages de *La Reine Margot* et *La Fille de d'Artagnan*.

Quelques grands champions

Jean-Jacques Guyon

(concours complet)

Ce militaire de carrière participe aux jeux Olympiques de Mexico en 1968 : il remporte la médaille d'or à titre individuel en gagnant le concours complet.

Raimondo d'Inzeo

(saut d'obstacles)

Officier des carabinieri romains, il est champion olympique de saut d'obstacles et champion du monde la même année, en 1960, à titre individuel.

Pierre Jonquères d'Oriola (saut d'obstacles)

Nous sommes le vendredi 23 octobre 1964, sur la scène des jeux Olympiques de Tokyo. Le ministre des Sports, Maurice Herzog, prononce son discours de clôture où transparaît la vive déception de constater que la France n'a décroché aucune médaille d'or. C'est alors que retentit dans tous les haut-parleurs la *Marseillaise.* Le drapeau français est hissé sur le mât olympique et sur la plus haute marche du podium, se tient un champion, cavalier admiré de beaucoup, Pierre Jonquères d'Oriola. Cette victoire n'était pas une première : il avait déjà gagné 12 ans auparavant, à Helsinki.

Luis Alvarez-Cervera

(saut d'obstacles – concours complet)

C'est un officier de cavalerie espagnol qui lui dispense ses premières leçons. À 20 ans, il est champion national. L'année suivante, il remporte en saut d'obstacles le championnat d'Espagne, titre qu'il gagnera 8 fois. Il participe aux Jeux de Munich, Montréal et Séoul en saut d'obstacles et court à Barcelone dans 2 disciplines : saut d'obstacles et concours complet.

Nelson Pessoa (saut d'obstacles)

À 8 ans, le petit Nelson monte à cheval, forcé par son père. Cela durera 4 ans. Puis ce sera le déclic. Après avoir sauté ses premières barres à l'école militaire de Rio, il se lance dans la compétition et remporte son premier Grand Prix à 14 ans. En 1956 il est retenu dans l'équipe brésilienne pour les jeux Olympiques. En 1954, il est Grand Prix et Grand Prix d'Europe. En 1966, il est champion d'Europe. Puis il ne cesse d'accumuler les Grands Prix. Ce cavalier de légende, que certains nomment le « sorcier » de l'équitation, est admiré pour sa capacité à monter des chevaux très spéciaux.

Paul Schockemöhle (saut d'obstacles)

Ce cavalier de saut d'obstacles ouest-allemand a remporté un grand nombre de médailles avec son cheval Deister : médaillé d'or au jeux Olympiques de 1976 à titre individuel, il remporte aussi la médaille d'argent par équipes au championnat du monde en 1982. À Los Angeles en 1984, il obtient la médaille de bronze par équipes. Vainqueur des championnats d'Europe avec 3 médailles d'or en individuel en 1981, 1983 et 1985, il est aussi vice-champion du monde par équipes en 1990.

Nicole Uphoff

(dressage)

En 1992 à Barcelone, la jolie cavalière allemande réussit un exploit unique dans les annales du dressage en remportant 2 titres olympiques consécutifs avec le cheval Rembrandt. Elle détenait la couronne olympique depuis Séoul et, depuis plus de 5 ans, était sans conteste la reine du dressage mondial.

Christine Stueckelberger

(dressage)

Cette Suissesse qui aux Jeux de Séoul, en 1988, partage le podium avec Nicole Uphoff (médaille d'or) et Margit Otto-Crepin (médaille d'argent), a été championne olympique en 1976, championne du monde en 1978 et a aussi remporté 2 titres européens.

Margit Otto-Crepin (dressage)

Cette Allemande a pris la nationalité française, en se mariant avec Daniel Crepin. Elle a travaillé avec des entraîneurs de renom et a formé elle-même ses chevaux de dressage. Avec Caprici, elle a été championne de France, en 1980 et 1981, puis a participé aux jeux Olympiques de Los Angeles. Avec Corlandus, selle français, elle a été championne d'Europe et de France en 1987, médaillée d'argent aux jeux Olympiques de Séoul et championne de France, en 1989, pour ne citer que quelques victoires. Avec Maritim, de 1991 à 1992, elle a continué à enrichir son long palmarès...

Patrick Caron

(saut d'obstacles)

À 16 ans, il se passionne pour le cheval et passe en un temps record tous ses examens fédéraux. À 27 ans, il intègre l'équipe de France. En 1982, il remporte la médaille d'or par équipes aux championnats du monde. En 1985, il devient entraîneur national de saut d'obstacles. En 1987 et 1991, il obtient la médaille d'or aux championnats d'Europe et 2 médailles d'or (en individuel et par équipes) aux championnats du monde en 1990. En 1988, aux jeux Olympiques de Séoul, il gagne la médaille de bronze par équipes.

Pierre Durand

(saut d'obstacles)

Champion olympique de saut d'obstacles, puis président de la Fédération française d'équitation, Pierre Durand est un homme célèbre. Mais peut-être moins que son cheval, Jappeloup. Ce beau cheval noir s'entendait si bien avec son cavalier qu'ils ont un étonnant palmarès : 1982 et 1986, champions de France ; 1986, médaille de bronze par équipes au championnat du monde ; 1987, médaille d'argent par équipes et médaille d'or en individuel au championnat d'Europe ; 1988, médaille d'or en individuel et médaille de bronze par équipes aux Jeux de Séoul. Pierre Durand a aussi gagné des concours avec un autre bon cheval, Narcotique. Mais plus avec son ami Jappeloup, qui est mort…

Mark Todd

(concours complet)

Ce grand cavalier néo-zélandais a été double champion olympique (en 1984 et 1988, respectivement à Los Angeles et à Séoul) en concours complet avec le même cheval, Charisma.

Michel Robert

(saut d'obstacles)

En 1970, il est champion de France de concours complet. Dans cette discipline, il participe aux Jeux de Munich, en 1972. Mais il préfère le saut d'obstacles auquel il finit par se consacrer. Il devient un des piliers d'une équipe de France au long palmarès : 1988, médaillé de bronze par équipes aux Jeux de Séoul ; 1991, champion de France ; 1992, médaillé de bronze par équipes aux Jeux de Barcelone ; 1993, médaillé d'or par équipes et en individuel, aux jeux Méditerranéens de Perpignan ; 1994, médaille d'argent aux championnats du monde.

Hubert Bourdy

(saut d'obstacles)

Il commence sa carrière internationale en 1981 à Zuidlaven. Membre de l'équipe de France à partir de 1983, il remporte, cette année-là, la médaille d'or en individuel et de bronze par équipes aux jeux Méditerranéens, ainsi que 2 coupes des Nations. Il est médaillé de bronze par équipes aux Jeux de Séoul et gagne, 2 ans plus tard, la médaille de bronze en individuel aux championnats du monde. Il obtient aussi la médaille de bronze par équipes aux Jeux de Barcelone en 1992.

Hervé Godignon

(saut d'obstacles)

Il demande à monter à cheval, à l'âge de 11 ans. Ses études terminées, il fait 2 ans de stage, chez un homme de cheval réputé avant d'entreprendre un tour de France d'apprenti cavalier. En 1974, à 22 ans, il gagne son premier Grand Prix. En 1978, 1983 et 1987, il est champion de France. En 1992, il est médaillé de bronze, par équipes, aux Jeux de Barcelone, vice-champion de France et remporte 6 Grands Prix et coupes. En 1993 et 1994, il est encore premier ou deuxième dans une bonne douzaine de concours.

Éric Navet (saut d'obstacles)

Il a commencé à monter à poney à 5 ans. Son père sélectionnait des chevaux de concours. Voilà peut-être pourquoi il s'est lancé dans les compétitions de saut d'obstacles, avec bonheur d'ailleurs. Champion du monde en 1990, d'Europe en 1991, il a été médaillé de bronze par équipes aux jeux Olympiques de 1992. Cette année-là, il est aussi champion de France et remporte 4 Grands Prix, ainsi que la coupe des Nations et gagne 4 Grands Prix en 1993.

Jean-Lou Bigot

(concours complet)

Il avait de qui tenir, puisque son père a été sélectionné 4 fois pour les jeux Olympiques. Depuis 10 ans, aux championnats de France, d'Europe et du monde, il est loin d'être un simple figurant. Sur son palmarès, on découvre au total 4 médailles, d'or, d'argent et de bronze.

Ludger Beerbaum

(saut d'obstacles)

L'Allemand Ludger Beerbaum est immergé dans le milieu équestre dès son plus jeune âge car son père est éleveur. À 21 ans, il remporte 2 médailles d'or aux championnats d'Europe jeunes cavaliers. En 1988, il est champion national et gagne son premier championnat international chez les séniors. Médaillé d'or par équipes aux Jeux de Séoul et en individuel, 4 ans plus tard, à Barcelone.

Thomas Frühmann (saut d'obstacles)

À 22 ans, l'Autrichien Thomas Frühmann fait son apparition sur la scène internationale et participe un an plus tard (en 1974) à sa première coupe des Nations et remporte le Grand Prix de Zuidlaren. En 1984, il s'installe en Allemagne et se met à driver et à entraîner des galopeurs. Il fréquente aussi les terrains de concours internationaux. Après avoir gagné 104 Grands Prix, il remporte en 1992 la finale de la coupe du Monde. À Barcelone, il obtient la médaille d'argent par équipes. C'étaient ses 3e jeux Olympiques.

Médaillés olympiques

	DRESSAGE	
	Individuel	**Par équipes**
1956 MELBOURNE	*de Reverony Saint-Cyr (Suède)* *Hartel (Danemark)* *Lisenhoff (RFA)*	*Suède* *RFA* *Suisse*
1960 ROME	*Filatov (URSS)* *Fischer (Suisse)* *Neckermann (RFA)*	*pas disputé*
1964 TOKYO	*Chammartin (Suisse)* *Boldt (RFA)* *Filatov (URSS)*	*RFA* *Suisse* *URSS*
1968 MEXICO	*Kizimov (URSS)* *Neckermann (RFA)* *Klimke (RFA)*	*RFA* *URSS* *Suisse*
1972 MUNICH	*Lisenhoff (RFA)* *Petushkova (URSS)* *Neckermann (RFA)*	*URSS* *RFA* *Suède*
1976 MONTRÉAL	*Stueckelberger (Suisse)* *Boldt (RFA)* *Klimke (RFA)*	*RFA* *Suisse* *USA*
1980 MOSCOU	*Theurer (Autriche)* *Kovshov (URSS)* *Ugriumov (URSS)*	*URSS* *Bulgarie* *Roumanie*
1984 LOS ANGELES	*Klimke (RFA)* *Jensen (Danemark)* *Hofer (Suisse)*	*RFA* *Suisse* *Suède*
1988 SÉOUL	*Uphoff (RFA)* *Otto-Crepin (France)* *Stueckelberger (Suisse)*	*RFA* *Suisse* *Canada*
1992 BARCELONE	*Uphoff (Allemagne)* *Werth (Allemagne)* *Balkenhol (Allemagne)*	*Allemagne* *Pays-Bas* *USA*

SAUT D'OBSTACLES		CONCOURS COMPLET	
Individuel	**Par équipes**	**Individuel**	**Par équipes**
Winkler (RFA)	RFA	Kastenman (Suède)	Grande-Bretagne
R. d'Inzeo (Italie)	Italie	Lutke-Westhues (RFA)	RFA
P. d'Inzeo (Italie)	Grande-Bretagne	Weldon (Grande-Bretagne)	Canada
R. d'Inzeo (Italie)	RFA	Morgan (Australie)	Australie
P. d'Inzeo (Italie)	USA	Davis (Australie)	Suisse
Broome (Grande-Bretagne)	Italie	Buhler (Suisse)	France
Jonquères d'Oriola (France)	RFA	Checcoli (Italie)	Italie
Schridde (RFA)	France	Moratorio (Argentine)	USA
Robeson (Grande-Bretagne)	Italie	Ligges (RFA)	RFA
Steinkraus (USA)	Canada	Guyon (France)	Grande-Bretagne
Coakes (Grande-Bretagne)	France	Allhusen (Grande-Bretagne)	USA
Broome (Grande-Bretagne)	RFA	Page (USA)	Australie
Mancinelli (Italie)	RFA	Mead (Grande-Bretagne)	Grande-Bretagne
Moore (Grande-Bretagne)	USA	Argenton (Italie)	USA
Shapiro (USA)	Italie	Jonsson (Suède)	RFA
Schockemöhle (RFA)	France	Coffin (USA)	USA
Vaillancourt (Canada)	RFA	Plumb (USA)	RFA
Mathy (Belgique)	Belgique	Schultz (RFA)	Australie
Kowalczyk (Pologne)	URSS	Roman (Italie)	URSS
Korolkov (URSS)	Pologne	Blinov (URSS)	Italie
Perez de la Heras (Mexique)	Mexique	Salnikov (URSS)	Mexique
Fargis (USA)	USA	Todd (Nouvelle-Zélande)	USA
Homfeld (USA)	Grande-Bretagne	Stives (USA)	Grande-Bretagne
Robbiani (Suisse)	RFA	Holgate (Grande-Bretagne)	RFA
Durand (France)	RFA	Todd (Nouvelle-Zélande)	RFA
Best (USA)	USA	Stark (Grande-Bretagne)	Grande-Bretagne
Huck (RFA)	France	Leng (Grande-Bretagne)	Nouvelle-Zélande
Beerbaum (Allemagne)	Pays-Bas	Ryan (Australie)	Australie
Raymakers (Pays-Bas)	Autriche	Blocker (Allemagne)	Nouvelle-Zélande
Dello Joio (USA)	France	Tait (Nouvelle-Zélande)	Allemagne

Petit lexique du cavalier
Petit lexique du cavalier Petit lexique du cavalier

Air : *mouvement ou figure, que l'on fait exécuter à un cheval. Les plus simples sont les airs « bas » et les plus élaborés les airs « relevés ».*

Arçon : *armature de la selle.*

Assiette : *manière dont le cavalier se tient sur le cheval en mouvement. « Avoir une bonne assiette » : faire corps avec sa monture, en épousant parfaitement ses mouvements, en demeurant maître de son équilibre en toutes circonstances.*

Barre : *partie de la mâchoire du cheval naturellement dépourvue de dents.*

Battue : *bruit que fait entendre un pied ou un diagonal, en se posant sur le sol. Par extension : « foulée ».*

Bosal : *sorte de bride, généralement employée avec les jeunes chevaux. Le mors est remplacé par une sorte de muserolle*, formant un gros nœud sous les ganaches*. C'est l'action de ce nœud sur les ganaches, qui permet de guider le cheval.*

Botter : *ruer, frapper d'1 ou de 2 pieds.*

Cross : *parcours dans la campagne ou en forêt, dont les obstacles sont fixes.*

Dégarrotter : *décoller le tapis sous la selle au niveau du garrot, afin qu'il n'exerce pas de pression entravant la circulation sanguine.*

Dressage : *discipline équestre, dans les épreuves de laquelle le cheval et le cavalier doivent évoluer avec une parfaite précision (c'est aussi l'éducation du jeune cheval, mais « éduquer » est plus sympa que « dresser » !).*

Embouchure : *ce qu'on met dans la bouche du cheval (mors) pour permettre au cavalier de lui transmettre ses ordres, par l'intermédiaire des rênes.*

Étriver : *régler la longueur des étrivières, les raccourcir ou les allonger.*

Étrivière : *courroie de cuir, se fixant à la selle sur le porte-étrivière et supportant l'étrier.*

Ganache : *bord extérieur de la mâchoire inférieure du cheval.*

Hackamore : *sorte de bride dans laquelle le mors est remplacé par un système agissant sur le nez du cheval.*

etit lexique du cavalier Petit lexique du cavalier Petit lexique du cavalier

Horse-ball : *jeu équestre semblable au basket-ball, qui se joue avec un ballon entre des équipes de 4 cavaliers.*

Montoir : *borne, tabouret, etc. dont le cavalier s'aide pour se mettre en selle. « Côté montoir » : côté gauche du cheval, duquel on l'enfourche généralement (le côté « hors montoir » étant le côté droit).*

Muserolle : *partie de la bride que l'on place sur le chanfrein.*

Passage de sangle : *région de la poitrine du cheval, sur laquelle se place la sangle.*

Pommeau : *partie arrondie située à l'avant de la selle.*

Raid : *chevauchée sur une longue distance.*

Rassembler : *amener le cheval à ramener ses membres bien sous lui, au lieu de se camper, de les étirer vers l'avant et l'arrière.*

Steeple : *parcours d'environ 3 000 m, jalonné de 8 obstacles.*

Tirer au renard : *se dit du cheval attaché solidement, qui s'arc-boute sur ses antérieurs, en faisant tous ses efforts pour se dégager.*

Tölt : *variante de l'amble propre au poney islandais. L'amble est une allure latérale marchée, dans laquelle le cheval lève et pose en même temps l'antérieur et le postérieur du même côté.*

Toupet : *touffe de crin implantée sur le haut de la tête du cheval.*

Troussequin : *partie relevée de l'arrière de la selle.*

Voltige : • **Voltige de pied ferme :** *elle comporte des exercices qui consistent à sauter de diverses manières sur un cheval arrêté.*

• **Voltige au galop :** *elle existe sous 2 formes, la « voltige sur le cercle » et la « voltige en ligne droite ».*

– **Voltige sur le cercle :** *le cheval, tenu en longe, tourne au galop : pendant que le(s) cavalier(s) effectue(nt) les mêmes exercices qu'en voltige de pied ferme ainsi que des figures de gymnastique, parfois à plusieurs sur le même cheval.*

– **Voltige en ligne droite :** *c'est celle que pratiquent les Cosaques, qui se couchent sur le dos ou contre le flanc du cheval, qui font « à terre, à cheval », etc.*

Adresses utiles

Fédération française d'équitation (FFE)
20, avenue d'Iéna
75116 Paris
Tél. : 01 53 67 43 43

Comité national des raids d'endurance (CNRE)
Logis de Seneuil
79410 Cherveux
Tél. : 05 49 75 08 39

Délégation nationale à l'équitation sur poneys (DNSE)
20, avenue d'Iéna
75116 Paris
Tél. : 01 53 67 44 00

Appaloosa horse club français (AHCF)
Mas de l'Argelas
Chemin des Touques
13810 Eygalières
Tél. : 04 90 90 62 18

Délégation nationale au tourisme équestre (DNTE Association nationale au tourisme équestre -ANTE),
20, avenue d'Iéna
75116 Paris
Tél. : 01 53 67 44 44

Association française du quarter-horse (AFQH)
1, rue du Lieutenant-Alexandre
51490 Époye
Tél. : 03 26 48 92 61

Délégation nationale aux sports équestres (DNSE)
20, avenue d'Iéna
75116 Paris
Tél. : 01 53 67 43 00

Association d'équitation western (AFEW)
18, rue de la Jacterie
27160 La Gueroulde
Tél. : 02 32 34 88 09

Service des haras et de l'équitation
14, avenue de la Grande-Armée
75017 Paris
Tél. : 01 44 09 24 00

Association nationale des étudiants cavaliers (ANEC)
19 bis, rue Honoré-d'Estienne-d'Orves
92150 Suresnes
Tél. : 01 45 06 55 48

Remerciements

Remerciements à

Isabelle, Jonathan, Juliette, Célia, Jérémy, Caroline, Micha... et Élodie.

Aux chevaux :

Angie, British, Cheyenne, Fanny, Nylon, Pilule, Rodéo, Starting, Vahinée, Vicking et Vitamine.

Et aux moniteurs :

Stéphanie et Gilles.

Crédit photographique

© Gilles Delaborde

sauf :

Dominique Chauvet/Milan, p. 38 (bg) et 94 (hd) ;

Patrice Massacret/Milan, p. 94 (hg) (hm) ;

Presse-Sports : p. 103 et 108 (bg) (md) ; Boutroux, p. 111 (m) et 113 (md) ; Chicot, p. 110 (b) ; Fèvre, p. 109 (b) ; Lablatinière, p. 109 (hd) et 113 (h) ; Lecoq/Legros, p. 102 et 110 (h) (m) ; Pacnoud, p. 108 (h) ; Rochard, p. 109 (hg) et 112 (h) ;

Jean Morel, p. 111 (b), 112 (m) (b) et 113 (bg) ;

collection Jean-François Ballereau, p. 105 (h), 106 (b) et 111 (bd) ;

collection Jean-Louis Gouraud, p. 105 (b) ;

collection Jean d'Orgeix, p. 106 (h) ;

collection Évelyne Coquet, p. 107 (h).

Achevé d'imprimer
en janvier 1998
sur les presses
des imprimeries Fournie

Fonsegrives
31131 Toulouse